Argentinien

www.merian.de
zeigt noch mehr von dem faszinierenden Land in Südamerika. Versäumen Sie nicht das MERIAN-Gewinnspiel!

Meine Lieblingsplätze

◆

Lago Argentino
Der eisblau leuchtende See ist fast dreimal so groß wie der Bodensee und wird von mehreren Gletschern gespeist – am schönsten ist der Perito Moreno.
Seite 70

◆

Das Stadion der Boca Juniors
Wenn die besten argentinischen Fußballer auftreten, kocht das Stadion – die so genannte „Pralinenschachtel“. Nicht nur für Sport-Fans ein mitreißendes Erlebnis!
Seite 86

◆

Paraná-Delta
Unweit von Buenos Aires tut sich ein verwinkeltes Flussdelta auf. Wer ein Boot mietet, kann die Wasserwelt erkunden
Seite 115

Liebe Leserin, lieber Leser,

wer nach einem fast 14-stündigem Flug von Frankfurt in Buenos Aires aussteigt, wird überrascht feststellen, in einer europäisch geprägten Megacity angekommen zu sein – dem literarischen und kulturellen Zentrum Südamerikas. Die Menschen, die Straßen – vieles wirkt wie eine Melange aus Rom und Paris. Buenos Aires ist die lebendigste, kreativste, vielfältigste und vielleicht lebenswerteste Stadt Lateinamerikas und deswegen ein großes Thema in diesem MERIAN-Heft.

Tango, Fußball und Steaks – dieses Trio fällt jedem zu Argentinien ein. Nimmt man Patagonien und die Mütter der Plaza del Mayo hinzu, sind die gängigen Klischees ziemlich gut gefasst. Doch Argentinien ist noch mehr: Das zweitgrößte Land Lateinamerikas, achtmal so groß wie Deutschland, birgt ewiges Eis im Süden, den höchsten Berg des Kontinents, Steppen, Wüsten, fruchtbare Ebenen und tropischen Dschungel mit den Wasserfällen von Iguazú. Fünf Natur- und drei Kulturdenkmäler wurden zum Unesco-Welterbe erklärt.

Allein Patagonien wäre ein eigenes MERIAN-Heft wert. Die karge Steppe und die weiten Landschaften haben schon Charles Darwin, Pablo Neruda und Stefan Zweig fasziniert. Ich bin mir sicher, dass auch Sie sich nicht diesem ganz besonderen Zauber verschließen werden, wenn Sie ihm auch zunächst nur auf den Fotos in diesem Heft begegnen werden.

Wenn Sie sich einmal vor Ort ein eigenes Bild gemacht haben, werden Sie mit einem Eindruck zurückkehren, der sich schwer fotografieren lässt: Die ungeheure Warmherzigkeit der Menschen und ihre Improvisationsfähigkeit sind vielleicht die größten Stärken des Landes.

Herzlich, Ihr

Andreas Hallaschka
MERIAN-Chefredakteur

Für MERIAN unterwegs

Karen Naundorf zog aus Berlin nach Buenos Aires und berichtet u.a. über die Militärdiktatur. Der Münsteraner **Klaus Bossemeyer** fotografierte schon 1986 für MERIAN in Argentinien. Beide sind großen Gesten nicht abgeneigt S. 26, S. 80

Der Italiener **Marco Vernaschi** lebt in Buenos Aires und fotografierte die Gauchos Seite 54

Tinka Dippel erkundete Patagonien und war bei den Dino-Ausgräbern S. 64, S. 92

INHALT

Argentinien

SEITE 46
TAKTVOLL
Der Tango ist nicht totzukriegen. Gespielt wird er von alten Meistern und modernen Bands

SEITE 54
WILDES LEBEN
Das Treiben in der Pampa: Die Arbeit der Gauchos beginnt im Morgengrauen und endet spät abends am Lagerfeuer

MERIAN | Reise-Service ab Seite 109

SEITE 10

WEITBLICKE

Grandiose Einsamkeit: Die zerklüftete Landschaft am Lago Los Reyunos zieht Wanderer in ihren Bann

SEITE 80

KRONZEUGE

Víctor Basterra wurde zur Zeit der Militärdiktatur verschleppt. Seine Fotos sind seltene Dokumente des Schreckens

SEITE 26

STOLZE STADT

Selbstbewusst und voller Leben: Buenos Aires hält sich für den Nabel der Welt

SEITE 36

AUGENBLICKE

Die bunten Viertel der Hauptstadt versteht nur, wer sie aus der Sicht ihrer Bewohner betrachtet

Filmreif: Die Banditen Butch Cassidy und Sundance Kid flohen nach Argentinien

Fluchtpunkt Patagonien

Wer kennt sie nicht? Die Halunken Butch Cassidy (links) und Sundance Kid sind spätestens seit dem gleichnamigen Film mit Paul Newman und Robert Redford berühmt. Auch im echten Leben mussten die beiden Haudegen nach zig Überfällen aus dem Wilden Westen fliehen. Als Versteck wählten sie eine Gegend, die ihrer Heimat ähnlich war: Cholila in Patagonien. Von 1901 bis 1907 lebten sie auf einer kleinen Farm und hielten Rinder, Schafe, Pferde. Ihre einstige Ranch kann besichtigt werden.

1986

1996

Schon zweimal entführte MERIAN seine Leser nach Argentinien. Mit dieser Ausgabe wird der Wandel des Landes weiter dokumentiert

ABENTEUERHOTELS

Argentinien hält einen eigenwilligen Rekord: Wohl nirgends sonst gibt es so viele Stundenhotels. Unverheiratete bekommen nur schwer eine eigene Wohnung, und weil Sex vor der Ehe in dem katholischen Land verpönt ist, suchen junge Paare gern so genannte *transitorios* auf. Auf Diskretion wird höchster Wert gelegt. Gäste betreten die Zimmer ungesehen und zahlen durch eine Schiebetür. Zwei Schäferstündchen kosten um die 15 Dollar, dafür sind die Zimmer üppig ausgestattet: mit Whirlpools und diversen hübschen Spielzeugen.

Umstrittene Inseln

Am 14. Juni begehen die Einwohner der Falklandinseln ihren Nationalfeiertag. An diesem Datum musste sich Argentinien 1982 gegen die Truppen des Vereinigten Königreichs geschlagen geben, nachdem es versucht hatte, die Islas Malvinas zurückzuerobern. Der Krieg, der mehr als 900 Tote forderte, war nach zwei Monaten beendet. Noch heute liegen Hubschrauberwracks herum, abgesperrte Minenfelder und ein Soldatenfriedhof erinnern an die Kämpfe. Der Streit um den Archipel vor der Küste Feuerlands ist aber bis heute nicht beigelegt. Obwohl das Vereinigte Königreich die Inseln seit 1833 verwaltet, erhebt Argentinien jedes Jahr aufs Neue seinen Anspruch.

Ein wichtiger Vorposten im Atlantik: die Malwinen

Entenjagd auf Argentinisch

Der Nationalsport Argentiniens ist nicht etwa Fußball, er heißt: El Pato. Ähnlich wie beim Polo versuchen zwei Mannschaften mit je vier Reitern, einen mit Laschen bespannten Ball zu erhaschen und in den gegnerischen Korb zu werfen. Der Sport wurde nachweislich bereits 1610 ausgeübt – ursprünglich jagte man dabei Enten hinterher. Daher der Name El Pato, die Ente. Wegen des oft blutigen Ausgangs, vor allem für das verschreckte Federvieh, wird heute allerdings mit Bällen gespielt. 1953 erklärte Präsident Perón das Spektakel zum Nationalsport.

Akrobatik zu Pferd: Beim El Pato wird heftig um den Ball ge(st)ritten

Vom beruhigenden Naturschauspiel
im Regenwald zum berauschenden
Nervenkitzel nach Bonito
In Brasilien – einem sensationellen Land
Fast 275 Meter im freien Fall. Und doch unglaublich beruhigend. Die Iguazú Wasserfälle zeigen die pure Schönheit von Brasiliens Süden in überwältigender Art und Weise. Nur ein kleines bisschen weiter, im mittleren Westen, in der Stadt Bonito locken Adrenalin und Abenteuer. Mit seiner reichhaltigen Natur und Tierwelt bietet Bonito Ökotourismus in Verbindung mit Sport- und Freizeitaktivitäten. Einzigartige Erholung und unvergessliche Momente. Besuchen Sie die Iguazú-Wasserfälle und Bonito. Zwei der vielen sensationellen Orte in Brasilien.
www.braziltour.com
Die Iguazú-Wasserfälle, Paraná
Bonito, Mato Grosso do Sul
BRASIL
Sensationell!

Himmelsbote der Anden

Den südamerikanischen Ureinwohnern galt der Kondor als Symbol für Kraft. Viele glaubten gar, er trage die Seelen der Toten in den Himmel. Der elegante Vogel hat eine Spannweite von drei Metern und fliegt bis zu 7000 Meter hoch. Um ihn in den Bergen Patagoniens zu erspähen, braucht man heute jedoch etwas Glück, denn auch der erhabene Kondor steht inzwischen auf der Liste der vom Aussterben bedrohten Arten.

MATE FÜR ALLE

Die Argentinier trinken viermal so viel Mate-Tee wie Kaffee: Kein anderes Getränk ist über alle Klassen- und Volksgrenzen hinweg so populär wie der *yerba mate*. Er wird aus den Blättern der *Ilex paraguayensis* gewonnen, die nah mit der Gemeinen Stechpalme verwandt ist. Beliebt ist auch *dulce de leche,* eine karamellbraune Masse, die als Brotaufstrich dient und in Keksen zu finden ist. So stolz ist der Argentinier auf die Süßigkeit, dass er sie sogar als Weltkulturerbe bei der Unesco anmeldete.

Von wegen Abstellgleis

Jeden Tag begeben sich tausende Bürger von Buenos Aires auf eine kleine Zeitreise. Die *subte* (kurz für *subterráneo,* Untergrund) wurde 1913 gebaut. Nach der New Yorker Subway ist sie die älteste U-Bahn des amerikanischen Kontinents – und dabei keineswegs als museumsreif abgeschrieben. Auf der Linea A sind einige der historischen Waggons bis heute im Dienst und zu Stoßzeiten gerammelt voll.

Stilvoll: Die alte U-Bahn in Buenos Aires fährt und fährt

Foto: Reiner Harscher

VIVA ARGEN

Dieses Land zeigt Größe: Es reicht vom Eis der Antarktis bis zur Savanne, von den Anden bis zum Atlantik. Wer es durchquert, lernt die Kontraste zu lieben und wird überwältigt von endloser Weite

Wüstenpflanzen und verschneite Gipfel: Die bis zu 300 Jahre alten Kandelaberkakteen im Nationalpark Los Cardones in der Provinz Salta wachsen in Sichtweite der schneebedeckten Vorberge der Anden

NTINA!

Foto: Pep Roig

Eines der beeindruckendsten Spektakel, die das Element Wasser zu bieten hat. An der Grenze zu Brasilien liegen die Wasserfälle von Iguazú. Nach starken Regenfällen stürzen hier bis zu 22 000 Kubikmeter Wasser pro Sekunde in die Tiefe

DIE UNBÄNDIGE KRAFT DER NATUR

SHARP GF-8080

Foto: Klaus Bosemeyer

DIE HERZERGREIFENDEN GESCHICHTEN DES TANGO

Der Tango ist das soziale Gedächtnis der Nation. „Gardelito" nennt sich der Sänger in Erinnerung an die Tango-Legende Carlos Gardel. Beim Spiel auf der Straße in San Telmo, Buenos Aires, wird er gleich von einer Zuhörerin umgarnt

Mit goldenen Ornamenten geschmückt erhebt sich in Salta die Franziskanerkirche Iglesia de San Francisco in den Himmel. Ihr 57 Meter hoher *campanile*, der frei stehende Glockenturm, ist der höchste des Landes

Wie ein Edelstein schimmert die Laguna del Diamante im Sonnenlicht. Hinter ihr ragt an der Grenze zu Chile der 5 323 Meter hohe Maipo-Vulkan in die Höhe. Kletterer können ihn auf fünftägigen Touren besteigen

DIE KOSTBAREN SCHÄTZE VON MENSCH UND ERDE

Foto: Ignacio Alvare

DIE VIELEN GESICHTER DER ALTEN KULTUREN

Vor dem Auftritt: Die *samilantes*, verkleidete Tänzer und Musiker, warten vor einer Kirche in der Provinz Jujuy auf ihren Einsatz. Ihre Darbietung soll die Schutzheiligen ehren und ist meist der Auftakt zu einem großen Dorffest

Wildes Feuerland. Auf der Isla de los Lobos ruhen sich die Seelöwen aus, bevor sie sich zur Nahrungssuche ins Meer stürzen. Die Insel liegt im Beagle-Kanal, der Atlantik und Pazifik verbindet. Touristen können ihn auf Schiffsreisen befahren

Foto: Florian von der Fecht

DER BELEBTE FELS IN DER BRANDUNG

Europäisches Flair mitten in Buenos Aires. Im Café „Tortoni" herrscht bis spät abends Betrieb, denn gut Essen braucht Weile

Als ich 1997 erstmals argentinischen Boden betrat, kannte ich das Land schon. Aus der Literatur. Niemand kann einem besser die Augen öffnen als die Schriftsteller, wenn es darum geht, Wesen und Geist eines Landes begreiflich zu machen. Das moderne Argentinien besitzt eine außergewöhnlich reiche Literatur. Bei der Lektüre fällt auf, wie lustvoll, wie raffiniert in zahlreichen Romanen, Erzählungen und Essays zwischen Realität und Fiktion gewechselt wird, mit welch philosophischer Gründlichkeit oder diebischem Vergnügen die Grenzen zwischen den beiden Territorien überschritten werden.

Das Wandeln zwischen diesen Sphären ist weitaus mehr ist als absichtsloses Spiel oder reine Erfindung. Es lässt sich auch beim Reisen kreuz und quer durchs Land immer wieder spüren. Die Natur hält Überraschungen bereit, die manchmal so spektakulär sind, dass sie den Reisenden die Welt vergessen lassen. Sie versetzen ihn in Tagträume, in denen die Realität und das Ersonnene tatsächlich miteinander verschmelzen. Das kann beim langen Hineinschauen in die stiebenden Wasserfälle von Iguazú im Norden genauso gut passieren wie angesichts des Gletschers Perito Moreno, der im Süden am Fuß der patagonischen Anden liegt. Da steht man vor weißblauen Eismassen und staunt beinahe ungläubig, wenn sich plötzlich mit furchtbarem Getöse ein hausgroßer Brocken löst und im Lago Argentino versinkt. Als hätte ihn die unsichtbare Hand eines Riesen abgerissen.

Von Salta aus können Reisende mit dem *tren a las nubes*, dem Zug in die Wolken, auf über 3500 Meter Höhe Richtung chilenische Grenze fahren. Dort oben wähnen sie sich den Wolken, dem Himmel zugehörig, entmaterialisiert. Das langsame Eintauchen in die Unendlichkeit der Pampa schließlich – am besten auf dem Pferderücken – lässt einen Zeit und Raum wie Schleusen empfinden, die sich öffnen und die man hinter sich lässt. Noch eine Grenzüberschreitung. Noch so ein Übergang vom Realen in die Imagination, wie er vielleicht nur in Argentinien zu erleben ist.

Der weiche Übergang zwischen Wahrheit und Fiktion manifestiert sich auch im populärsten Exportgut, im Tango. Wer in die Welt von Tanz und Musik eintritt, tauscht die Realität gegen etwas anderes ein. Hier gelten eigene Gesetze. Utopie und Illusion spielen die Hauptrollen, das Finstere und Grausame drängt sich in die Verse. Die Liebe besteht hauptsächlich aus Schmerz, Lüge und Verrat. Und der kunstvolle, glühende Tanz, die zwischen Bordell und Paradies oszillierende Poesie der Texte, die hinkende, stampfende Musik des Bandoneóns – das alles übt, auf Argentinier zumindest, einen unwiderstehlichen Sog aus. Tango als zweites, als anderes Leben, weit weg vom Alltag, aus dem er sich nährt.

Der Argentinier ist ein hochkompliziertes und überaus widersprüchliches Wesen. Es ist nicht einfach, ihn zu charakterisieren. Er kam mit dem Schiff hierher. Allein in der zweiten Hälfte des 19. Jahrhunderts nahm das Land rund eine Million Immigranten auf. Vor allem Kleinbauern aus Norditalien, ihnen folgten Spanier, Deutsche, Ukrainer, Armenier, Polen, Libanesen und viele andere. Ein Völkergemisch von kaum zu überbietender Farbigkeit. Die indianische Urbevölkerung war in mehreren blutigen Feldzügen dezimiert und an die Ränder des Landes zurückgedrängt worden. Die meisten Argentinier haben europäische Wurzeln und spielen diese Tatsache oft und gerne aus. Geht es um Fußball, um die Zubereitung von Gegrilltem beim *asado,* um den Anspruch an die englischen Malvinas-Inseln oder um den Peronismus, dann sind sie unerschütterliche Patrioten, *argentinos* – auf den Restkontinent aber schauen sie mit einer gelegentlich unverhohlenen Verachtung herab, was ihrer

Foto: Klaus Bossemeyer

DAS GROSSE TALENT, DIE SCHWERMUT LEICHT ZU NEHMEN

Der Argentinier ist kein einfacher Mensch. Er liebt die Melancholie und verliert nie die Hoffnung, kennt die Krise und den Neuanfang, besitzt europäische Wurzeln – und hat doch seinen ganz eigenen Stolz

TEXT: CHRISTOPH KUHN

Beliebtheit in Lateinamerika nicht sonderlich zuträglich ist. Sie fühlen sich überlegen. Sie sind Weiße. Und stolz auf die europäische Herkunft.

Der ehemalige Bürgermeister von Buenos Aires und spätere glücklose Präsident des Landes, Fernando de la Rúa, hatte einen speziellen Berater für Immigrationsfragen: Roberto Rodriguez Vagaría. Vor hundert Jahren, erzählte mir dieser einmal, kamen in Buenos Aires auf einen Einheimischen fünf Neueingewanderte. „Angelockt vom Reichtum der Viehbarone, reisten sie übers Meer, junge Männer, vielleicht mit Frau, aber sonst ohne Familie. Das erklärt die Familiensehnsucht des Argentiniers. Nur die Familie zählt. Hier gelten die Gesetze der Ehre, Treue und Anständigkeit. Alles was außerhalb der Familie liegt, ist Feindesland, freie Wildbahn. Und dort ist alles erlaubt. Das wiederum ist der Grund, warum der Argentinier so wenig Gemeinschaftssinn besitzt und keinen Respekt vor dem Staat."

Im Großraum Buenos Aires lebt ein Drittel der Bevölkerung Argentiniens. Und besonders der *porteño,* der Bewohner der Hauptstadt, erklärte mir Vagaría weiter, hätte die Züge des Italieners, aber seine Struktur wäre spanisch. „Vom Italiener kommt das Elegante, Eloquente, die Improvisationsbegabung. Das eher Sture, das Traurige, Pathetische und Erdige in seinem Wesen, das kommt aus Spanien."

Für seinen Witz und für seine Schlagfertigkeit ist der Argentinier bekannt – aber auch für seinen Hochmut und seine Lust an der Übertreibung. Ein anti-argentinischer Witz, der jenseits der Landesgrenzen in Südamerika zirkuliert, lautet so: „Weißt du, was das beste Geschäft ist, das du machen kannst? – Kauf' einen Argentinier zum Preis, den er wert ist – und verkauf' ihn für die Summe, die er für angemessen hält."

Groß wie das Land muss alles sein. Für den Gast beim *asado* werden 500 Gramm Fleisch gerechnet, Würste und Innereien extra. Der Whisky, den der Kellner serviert, ist so eingeschenkt, dass er einen sofort ins Stadium der Trunkenheit versetzt. Groß heißt aber auch großzügig und großherzig. Wie die Pampa kennt die Hilfsbereitschaft und Herzlichkeit des Einheimischen, hat er einmal Vertrauen gefasst, keine Grenzen. Umso mehr können einen der gleiche Mann, die gleiche Frau verblüffen, wenn sie sich im öffentlichen Leben, in der Berufs- und Geschäftswelt durch einen gnadenlosen Pragmatismus auszeichnen, der vor nichts zurückschreckt und alles dem Prinzip Nutzen unterordnet.

Es war hauptsächlich Faustino Domingo Sarmiento, Präsident des Landes von 1868 bis 1874, der die Einwanderung forcierte. Sein philosophisch-politisches Vorbild war Frankreich, und er erträumte sich für das

nter weitem Himmel
eßt der Río de las Vueltas
urch den Nationalpark
tz Roy. Die gigantischen
usmaße ihres Landes
aben die Argentinier
prägt: Sie denken immer
großen Maßstäben

DER ARGENTINIER KENNT DEN STOFF FÜR ZWEI, DREI LEBEN

erst 1810 unabhängig gewordene und seither in Bürgerkriegen sich zerfleischende Vaterland eine europäische Zukunft. Sarmiento hat mit „Barbarei und Zivilisation – Das Leben des Facundo Quiroga" eine Art Bibel für Argentinien geschrieben. Ein Buch, auf das sich bis heute Intellektuelle und Politiker berufen, wenn es darum geht, ihr Land zu deuten. Tatsächlich zieht sich der Gegensatz – aber eben auch die Verbindung – zwischen Realität und Fiktion, zwischen Barbarei und Zivilisation, zwischen Stadt und Land, zwischen Demokratie und Diktatur wie ein roter Faden durch die junge Geschichte des Landes. Bis heute wird Argentinien regelmäßig von heftigen Eruptionen heimgesucht. Politische oder wirtschaftliche Katastrophen lassen das Volk leiden. Und weil fast jeder Argentinier das in seinem Leben mindestens einmal erfahren hat, gehört zu seiner komplexen Psyche auch ein fatalistischer Zug.

Mehr als anderthalb Jahrhunderte nach Sarmiento wird ein anderer Präsident, eine letztlich unfassbare, schillernde Figur, argentinische Geschichte schreiben. Und diese Geschichte prägt das Land, politisch gesehen, bis heute. Juan Domingo Perón (1895-1974) verkörperte in vielem das, was Argentinien und die Argentinier ausmacht. Nicht zuletzt deshalb werden er und seine zweite Frau Eva („Evita") noch heute wie Heilige verehrt.

Gibt es das in einem anderen Land der Welt? Eine politische Bewegung – den nach dem Präsidenten benannten Peronismus –, die mehr als ein halbes Jahrhundert lang in regelmäßigen Abständen die ungeteilte Macht im Staat ausübt? Und sich dabei extrem wandelt? „Der Peronismus ist das Heterodoxeste, was es gibt: Alles hat in ihm Platz." So definierte Perón selber in seinen Memoiren sein Programm. Er war in erster Linie Soldat und Stratege, ordnete dem Machterhalt und der Staatsräson jederzeit Überzeugungen und Ideologien unter: Das war seine pragmatische Seite. In seinen besten Zeiten konnte er mit linksradikalen Guerilleros ebenso gut verhandeln wie mit rechtsextremen Pistoleros. Er vermochte mit betuchten Grundbesitzern genauso umzugehen wie mit kämpferischen Gewerkschaftern. Und er traf gegenüber den Heerscharen Nichtbeschäftigter ebenso den richtigen Ton wie gegenüber den Arbeitern und Angestellten.

Später, ab 1989, regierte der Neoliberalist Carlos Menem zehn Jahre lang das Land. Danach war Argentinien massiv verschuldet und stand am Rand des wirtschaftlichen Bankrotts. Aber selbstverständlich zählt auch er sich zur großen Familie der Peronisten. Als jüngste Amtsinhaber haben Cristina Fernández de Kirchner und auch schon ihr zuvor gewählter Mann Néstor Menems Politik auf den Kopf gestellt, mit einigem Erfolg.

Hält man sich vor Augen, was ein 1970 geborener Argentinier schon alles erlebt hat, bleibt nur Bewunderung – denn es ist Stoff genug für zwei oder drei Leben. Respekt muss man ihm zollen, dem agilen, mit allen Wassern gewaschenen und ebenso herzlichen wie durchtriebenen, großzügigen und großmäuligen *porteño,* wenn man ihn morgens in Buenos Aires bei einem *cortadito* antrifft, einem Tässchen Kaffee, verschnitten mit ein paar Tropfen Milch, einem Keks, einem Gläschen Orangensaft und einem Glas Wasser dazu.

Als Kind hat er die Hölle der Diktatur gekannt (1976-1983), er hat erlebt, wie Verwandte, Bekannte, Freunde über Nacht verschwanden und nie mehr zurückkehrten. Kaum waren die Falklandinseln verloren und die Demokratie wiedergewonnen, brach nach wilden wirtschaftlichen Experimenten Ende der achtziger Jahre die Hyperinflation aus – das Geld, das man am Morgen verdient hatte, war am Abend nichts mehr wert. Mit Menem folgte ein auf Treibsand gebauter und auf Pump beruhender Pseudoaufschwung – und schließlich die Krise, der drohende Bankrott. Im Jahr 2001 froren die Banken in Panik die Sparkonten ein, und als wieder Geld abgehoben werden konnte, war das Guthaben um zwei Drittel geschmolzen.

Wer in zweiter oder dritter Generation eine europäische Abstammung nachweisen konnte, stellte sich in den Schlangen vor den spanischen oder italienischen Konsulaten für ein Visum an, um auszureisen. Die anderen mussten auch diesen Schlag wegstecken, auf bessere Zeiten warten, irgendwie überleben oder in den vergangenen fünf Jahren eine Welle erwischen, die nach oben trug, Mut machte und neue Hoffnung schöpfen ließ.

Doch nun, will man den jüngsten Berichten glauben, droht schon wieder Ungemach, teils hausgemacht, teils durch die Globalisierung bedingt. Aber auch damit werden die Bewohner dieses endlosen und vielseitigen Landes fertig werden. Argentinien ist mit Krisen groß geworden. □

Christoph Kuhn *lebte als Korrespondent des Zürcher* Tages-Anzeigers *mehrere Jahre in Buenos Aires. Von seiner großen Zuneigung zu Argentinien zeugt sein 2007 im Rotpunktverlag erschienenes Buch „Wo der Süden im Norden liegt – Streifzüge durch das moderne Argentinien".*

KÖNIGIN am Silb

erfluss

Neuankömmlinge macht Buenos Aires zuerst schwindelig. Dann verzaubert es sie. Und wer lange genug bleibt, hält die Stadt sogar für den Nabel der Welt – wie die Porteños, die hier am Río de la Plata geboren sind

TEXT: CRISTIAN ALARCÓN, FOTOS: KLAUS BOSSEMEYER

Die Avenida 9 de Julio gilt als breiteste Straße der Welt, bis zu zehn Spuren führen in jede Richtung, der Obelisk wurde 1926 zum 400. Jahrestag der Stadtgründung errichtet

Auch eine **PULSIERENDE KAPITALE** bewahrt manchmal Ruhe

Das Herz der Stadt: Auf der Plaza de Mayo geht es nicht nur friedlich zu, hier finden bis heute politische Demonstrationen statt

Ich war wie kopflos, als ich das erste Mal nach Buenos Aires kam. Die Intensität der Stadt betäubte mich. Ihre Fülle zwang mich, ohne Pause über die schmalen Gehsteige der Avenida Corrientes zu laufen. Ich sah unglaubliche Mengen von Autos und Motorrädern und plötzlich, an der Kreuzung zur unendlich breiten Avenida 9 de Julio, den berühmten, 70 Meter hohen Obelisken. Das alles machte mich schwindelig. Ich war im Zentrum der Hauptstadt angekommen, dort wo alle Ausländer ankommen und auch wir Argentinier aus dem Landesinneren. Die Einwohner von Buenos Aires unterscheiden streng zwischen „Porteños“, die hier geboren und aufgewachsen sind, und jenen *del interior*, die aus irgendeiner Provinz in die Hauptstadt ziehen. Ich bin einer *del interior*.

Ich war 17, als diese Stadt mich blendete. Mein Vater hatte mich auf eine Geschäftsreise mitgenommen. Ich sollte die große Stadt kennen lernen, in der ich schon bald studieren würde. Er sagte, ich solle ausprobieren, ob ich das Leben in Metropolis, ohne Familie und Freunde, überhaupt aushalten könne. Ihm selbst, der seine Jugend auf dem Land verbracht hatte, war es schwer gefallen, sich dort zurechtzufinden. Er hatte sich immer wieder verlaufen und lange gebraucht, bis er die Stadt mochte. Ohne Gnade drängte er mich, allein durch die Straßen zu ziehen. Mein Vater war zweifellos davon überzeugt, Buenos Aires sei ein sicherer Ort.

Wir waren im besten Hotel eines schlechten Viertels untergekommen. Das Haus stammte aus den siebziger Jahren und lag auf dem hektischsten Stück der Calle Lima, gegenüber vom Bahnhof Constitución. Mit Stadtplan in der Hand tauchte ich in der städtischen Flut unter, zwischen den Arbeitern aus den südlichen Vorstädten, die die Stadt über diesen Bahnhof betreten und verlassen. Die Station Constitución war mein Orientierungspunkt, für mich Neuankömmling ordnete sie den städtischen Raum.

Seither sind 18 Jahre vergangen.

Wenn wir Provinzler nach Buenos Aires ziehen, zwingt uns unsere Vorstellung von Urbanität, im Zentrum zu wohnen. Schließlich haben wir tausende Kilometer zurückgelegt, um in einer großen Stadt zu leben, wir mussten unsere Wurzeln zurücklassen und unsere regionale Identität. Das haben wir nicht getan, um uns weitab vom Herzschlag der Metropole niederzulassen. Erst Jahre später beginnen auch wir, von einem Häuschen im Vorort zu träumen. Und während wir uns an die Stadt gewöhnen, nehmen wir sogar einige Charakterzüge des Porteño an, seinen Stolz und seinen Egoismus. Die feste Überzeugung, dass seine Stadt der Nabel der Welt sei. Und er selbst noch ein bisschen mehr als das.

Das historische Zentrum von Buenos Aires liegt zwischen den Avenidas Belgrano und Santa Fé, zwischen der Plaza de Mayo und der Avenida Callao. Die meisten Porteños finden es abstoßend – weshalb sie es nur von Montag bis Freitag durchqueren. Für sie ist es das Territorium derer „aus dem Landesinneren“ und der Ausländer – obwohl sie selbst in den vielen Buchhandlungen hier kaufen, die Theater und Kinos besuchen und – vor allem – die Restaurants dieser Gegend schätzen. Essen ist in Buenos Aires so wichtig wie Tango und Fußball.

Über Buenos Aires **LACHT DIE SONNE,** über die Provinz die ganze Welt

Blau, weiß, gold: Flagge zu zeigen, ist in „Baires“ Ehrensache
Gelb und günstig: Fast 40 000 Taxis fahren durch die Straßen

Schwarz mit Schaum: In den Bars von San Telmo ist immer Zeit für einen *café cortado*

Gemütlich: Auf der Plaza San Martín im Stadtteil Retiro nutzen die Porteños den schattigen Park zur Mittagspause

Geschäftig: Menschen über Menschen auf der Avenida Florida im Centro. Ruhe kehrt hier erst ein, wenn alle Läden schließen

Schnörkellos: das Museum für Moderne Kunst in Recoleta
Schwungvoll: Im „Niceto Club" wird die Nacht zum Tag

Die **METROPOLE WÄCHST** und erfindet sich ständig neu

Lustigerweise lebe ich heute an der Avenida Caseros, nur zwei Blöcke von dem Bahnhof entfernt, an dem ich einst ankam. Die Avenida Caseros ist eine lange Straße, der Bahnhof zerschneidet sie, aber auf der anderen Seite geht sie weiter, hinunter bis San Telmo, meinem Viertel. Es sind nur vier Blöcke vom Bahnhof bis zum Lezama-Park. Auf diesem Stück sind die Häuser niedrig und 100 Jahre oder älter, kleine Villen im spanischen oder französischen Stil. Jeden Montag laufe ich zum Markt an der Kreuzung Bolívar und Carlos Calvo. Ich tauche ein in die Farben von Obst und Gemüse, in die Menge der Nachbarn, die hier ihre Einkäufe fürs Mittagessen erledigen. Unter einem großen Wellblechdach steht die Markthalle mit ihren voll gestopften Ständen. Zurück gehe ich über die Calle Peru, mache einen Stopp bei „Rara", einem modernen Bohème-Café mit riesigen Fenstern, durch die man die Leute auf der Straße beobachten kann; oder im „El Federal", einem der ältesten Cafés dieser Gegend, spezialisiert auf *picadas*, köstliche Häppchen, Schinken und Käse. San Telmo ist ein Viertel im Wandel. Als ich es kennen lernte, spielten hier Rock- und Punkbands in Spelunken und Garagenkneipen. Doch das Leben in den engen Straßen ohne Licht veränderte sich. Besetzte Häuser sind nach und nach Galerien, Bars und Boutiquen gewichen.

Im Zentrum hatte ich zeitweise eine Wohnung in der Calle Perón, in dem Block zwischen Paraná und Montevideo, eine Ecke voller Bars und Restaurants. In der Nähe liegt das Centro Cultural San Martín. Als ich neu in der Stadt war, habe ich mich oft dorthin geflüchtet, in den Kino- und Theatersälen das Chaos um mich herum verdrängt. Die Avenida Corrientes mit ihren alten Revuetheatern und neuen Musical-Bühnen nennen manche „die Straße, die nie schläft". Den Namen verdiente sie sich in einer Zeit, als das Nachtleben wilder war als heute. Inzwischen muss man wochentags schon zufrieden sein, wenn man um zwei Uhr morgens irgendwo noch eine Empanada oder etwas Mozzarella bekommt.

In dieser Gegend liegen auch mehrere der berühmten Kaffeehäuser, leider nicht alle im ursprünglichen Stil. Die Wiege der Intellektuellen und Dichter war das „La Paz" – dort fanden die großen politischen Diskussionen der sechziger Jahre statt. Heute ist das „La Paz" jedem beliebigen Café gleichgemacht worden: Tische aus lackiertem Holz, Röhrenlicht. Überlebt aber haben das „El Gato Negro" und das „La Giralda" mit seinen alten Marmortischen und den betagten Kellnern, die ein perfektes Frühstück servieren. *Café con leche* mit *medialunas,* kleinen süßen oder salzigen Croissants.

Ich nehme heute meistens ein Taxi, um in meiner Stadt vorwärts zu kommen. Taxifahren ist in Buenos Aires viel billiger als in den meisten anderen Städten der Welt. Es gibt 39 000 schwarze und gelbe Taxis, die rund um die Uhr in der Stadt herumkurven. Von Corrientes aus fahre ich gerne über die Avenida Callao bis zur Plaza Francia. Je weiter man nach Norden kommt, desto hübscher die Parks, desto sauberer die Gehsteige; die Umrisse der Gebäude werden stilsicherer, ihre Eingänge immer edler. Der Reichtum, der einem ab der Avenida Santa Fé ins Auge sticht, steht im Kontrast zu den *cartoneros,* den Jugendlichen, die das Viertel auf der Suche nach Altpapier mit ihren schweren Handkarren durchpflügen, um etwas Geld zu machen.

Die Plaza Francia im Viertel Recoleta war einer der ersten Orte, die ich vor Jahren in

Frühmorgens in San Telmo: Wo Revoluzzer einst Häuser besetzten, wird heute saniert. Auch der Pizzabäcker hat Werkzeug dabei

Eine Bühne für Bücher: In einem alten Theater befindet sich die „Librería El Ateneo", Südamerikas größte Buchhandlung

Buenos Aires entdeckte. Am Wochenende ist hier ein riesiger Markt, Händler verkaufen Kunsthandwerk an ihren Ständen, und zwischendrin im Grünen sitzen Grüppchen im Kreis, sonnen sich und trinken Mate. Doch der bezauberndste Platz von Recoleta war für mich immer der Friedhof, auf dem man neben den Grabtempeln durch die Geschichte des Landes spazieren kann. Von den Generälen der Unabhängigkeitsbewegung bis zu Eva Perón – im Tod liegen die großen Persönlichkeiten Argentiniens Seite an Seite. Und als würden sie mit den Kontrasten spielen, fliegen die steinernen Engel und die marmornen Kreuze von den Tempeln in den blauen Himmel – mitten hinein in die Modernität des durch und durch bürgerlichen Viertels. Gegenüber dem Friedhof gibt es neuerdings eine Art Fußgängerzone mit „typischen Restaurants" und Touristendiscos. Diese Orte meiden wir Einheimischen wann immer wir können!

Besser ist es, in Richtung des Flusses zu fliehen, dem Buenos Aires den Rücken zukehrt, obwohl er einer der breitesten Flüsse der Welt ist. Man kann den Río de la Plata sehen, wenn man die nördliche Küstenstraße entlanggeht. Man kann ihn erobern, wenn man ein Boot mietet und die Stadt durch einen schmalen Kanal verlässt. Ungefähr eine Stunde dauert es, bis man von weit draußen das versteckte Gesicht der Metropole vor sich hat, mit ihrer Stirn aus Wolkenkratzern. Das helle, klare Licht von Buenos Aires lässt den „Silberfluss" funkeln, und er macht seinem Namen alle Ehre.

Die alten Hafengebäude an dem der Stadt zugewandten Ufer wurden erst kürzlich renoviert. Puerto Madero ist das jüngste Viertel der Stadt. Immer neue Häuser und Wohntürme wachsen hier in den Himmel. Der Quadratmeter ist so teuer wie in den großen Städten Europas. Ich gehe hier gern im Abendlicht spazieren. Am Ufer reiht sich ein Café ans nächste, der perfekte Platz, um der Sonne beim Untergehen zuzusehen und einen *cortado* zu trinken, einen köstlichen kleinen Espresso mit einem Schuss cremigen Milchschaums. Gut ist auch ein Fernet mit Cola, eine Art National-Aperitif, betörend bitter und süß.

Wer früher am Tag nach Puerto Madero kommt, sollte das ganze Viertel durchqueren, bis er, ein Stück weiter südlich, zu einem kleinen Naturschutzgebiet kommt. So nah am Zentrum, dass man es kaum glauben kann, liegt ein kleiner Urwald, der von sieben Kilometer Wegen durchzogen ist. Seltene Vögel zwitschern, und ganz im Süden, auf dem offenen, gewaltigen Fluss, sieht man die Schiffe vorbeiziehen, die vom Meer kommen. So wie vor 400 Jahren die alten Kähne, die die Einwanderer brachten. Die Neulinge, die von dieser Stadt, der „Königin am Río de la Plata", geblendet und verzaubert wurden. Genau wie ich, bei meiner ersten Reise. □

Buenos Aires ist **GROSSES THEATER** vor immer neuen Kulissen

Stilvoll: der Palacio Barolo mit dem hellen Turm an der Avenida de Mayo

Cristian Alarcón *ist Journalist und Schriftsteller. Sein Roman „Der Robin Hood von San Fernando" wurde mit dem Samuel-Chavkin-Preis für integren Journalismus ausgezeichnet.* **Anja Haegele** *übersetzte aus dem Spanischen.* **Klaus Bossemeyer** *besuchte Buenos Aires als Fotograf erstmals vor 22 Jahren für* MERIAN. *Nun entdeckte er die Stadt erneut und erlebte eine weltoffene und moderne Metropole.*

Buenos Aires ist ein buntes Pflaster. Jedes Quartier erzählt seine eigenen Geschichten. Die Seele der Stadt versteht nur, wer sie aus dem Blickwinkel ihrer Bewohner betrachtet. Sechs Menschen verraten, warum gerade ihr Viertel etwas Besonderes ist

Mit den Augen der PORTEÑOS

TEXT: KAREN NAUNDORF, FOTOS: KLAUS BOSSEMEYER

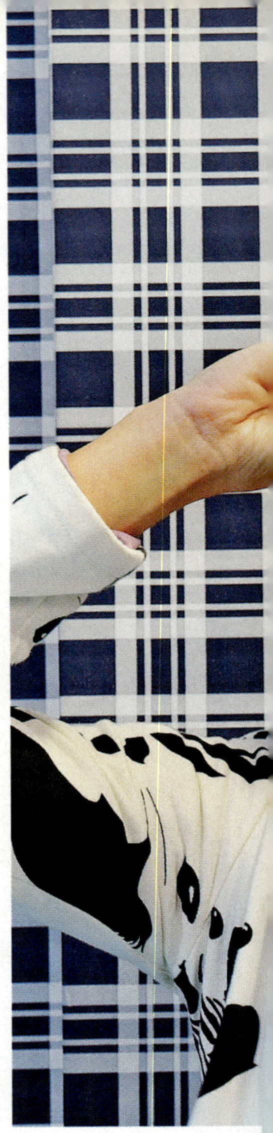

PALERMO

Valeria Pesqueira, Designerin mit Köpfchen

Morgens, wenn Valeria Pesqueira zu ihrem Laden läuft, grüßt sie Julia, die Bäckerin. Juan, den Zeitungsverkäufer. Mario, der hinter dem Schaufenster seiner Reinigung winkt. „Palermo ist wie ein Dorf in der Großstadt", sagt Señora Pesqueira, 32. Dorf und Design, Kolonialstilhäuschen und hippe Bars, von Bäumen gesäumte Pflastersteinstraßen und bunte Boutiquen – Palermo ist alles. „Genau diese Mischung mag ich", betont sie. Der perfekt geschnittene Pony bedeckt ihre Stirn fast bis zu den dunklen Augenbrauen.

Sie gehört zur Generation der jungen Designer, die es geschafft und das Viertel geprägt haben. „Die Wirtschaftskrise 2001 hat uns geholfen", sagt Pesqueira. „Vorher hatten die Argentinier Geld und gingen in Miami oder New York einkaufen." Dann stürzte der Peso ab und war im Ausland nichts mehr wert. „Die Leute wollten weiter Designerware – und nun kauften sie bei uns!" Ihr Geschäft in der Calle Armenia ist ein schmaler Raum, die Wände sind mit einer Karo-Tapete beklebt. Neben der Kasse hängt eine Wandtafel, auf der Pesqueira ihre Lieblingsläden empfiehlt. Zum Beispiel den der *hermanos* Sabater: Dort liegen handgefertigte Seifen in allen erdenklichen Formen hübsch geordnet in Holzkisten aus.

Es war schon lange Pesqueiras Traum, einen eigenes Design-Atelier zu eröffnen. „Mein Vater arbeitete für eine Turnschuh-Firma, darum besaß ich schon immer Modelle, die in Argentinien nicht auf den Markt kamen", erzählt sie. „Ich merkte, wie toll es ist, etwas Einzigartiges zu tragen." Heute bedruckt sie Shirts, Pullis und Kapuzenjacken mit Zebramustern, schwarzen Blumen und bunten Vögeln. „Alles ist fürs richtige Leben gedacht, ich mache keine Jäckchen, die sofort verknittern." Das Konzept scheint aufzugehen: Sie verkauft inzwischen in Japan und den USA – und in Palermo.

Früher war das Viertel keine gute Gegend, überall Autowerkstätten, Lagerhäuser und zwielichtige Gestalten. In der Schule lernen Argentinier noch heute, was der Schriftsteller Jorge Luis Borges über Palermo schrieb: „Jahrelang habe ich geglaubt, ich sei in einem Vorort von Buenos Aires aufgewachsen… Das Palermo des Messers und der Gitarre (versicherte man mir) befand sich gleich um die Ecke.“ Seine liebsten Orte waren der Garten des Elternhauses und das Zimmer mit den englischen Büchern, denn das Viertel draußen galt als gefährlich.

Das änderte sich, als die Bohème die Gegend entdeckte. Bald kamen die Galerien, die kleinen Cafés. Designer und Künstler fanden hier Raum. Vom armen Palermo, das Borges beschreibt, ist heute nicht mehr viel zu spüren. Die Gegend um die Plaza Serrano mit ihren edlen Restaurants und teuren Boutiquen heißt inzwischen „Palermo Soho“. Und in „Palermo Hollywood“ betreiben Filmproduktionen und TV-Sender ihre Studios.

Gleich um die Ecke ihres Ladens sitzt Valeria Pesqueira auf einem samtbezogenen Sofa in der „Bar 6“ – „mein ausgegliedertes Wohnzimmer, hier treffe ich sogar Geschäftspartner“. Sie macht eine kurze Pause. „Nur weiß ich nicht, wie lange wir unabhängigen Designer noch in Palermo bleiben können.“ Die Miete für ihr Geschäft stieg in drei Jahren von 750 auf 3000 Pesos. Das entspricht dem doppelten Monatsgehalt einer Grundschullehrerin. „Trotzdem, ich bleibe so lange es geht, ich liebe die Cafés, die Plätze, das viele Grün“, sagt die Designerin. Zudem sei es ein Lebensmodell, in Palermo zu wohnen: „Wir machen, was uns Spaß macht – und versuchen davon zu existieren.“

Familien das zweistöckige Haus und seine Galerien. Inzwischen verkaufen Sammler dort alte Puppen, Bilder und Antiquitäten.

Der Tango hat alles im Viertel überlebt. Tango, das sei nicht nur der Tanz, sagt Montesino. „Tango ist Dichterei, Malerei, Bandoneón. Hier, in der Bar, gab es all das, von Anfang an. Egal, ob der Tango in Mode war oder nicht." Stars wie Liza Minelli und Sean Connery waren schon in der „Bar Sur", der Regisseur Wong Kar Wai drehte hier für seinen Film „Happy Together". Jeden Abend sind die 50 Plätze besetzt, Paare tanzen vor den kleinen Tischen. Und fordern das Publikum immer wieder zum Tanz auf.

Montesino liebt aber nicht nur den Tango, er profitiert auch von ihm. „Die Bar in San Telmo zu eröffnen, war eine strategische Entscheidung", sagt er. Das Viertel liegt auf der Verbindungslinie zwischen dem alten Hafen in La Boca und dem Centro mit der Casa Rosada, dem berühmten Präsidentenpalast. Darum kommen viele Touristen hierher, die die Atmosphäre kleiner Kneipen bombastischen Spektakeln vorziehen. Argentinier trifft man vor allem neben dem Parque Lezama im „Café Británico", das seit 1928 existiert und oft Tag und Nacht geöffnet hat. Und wenn nicht in den Bars, sieht man sie an den Gemüseständen in der alten Markthalle.

Daran, dass San Telmo einmal eine ärmliche Gegend war, erinnert heute nicht mehr viel. Sonntags werden die Straßen zur Fußgängerzone, mit Antiquitätenhändlern und Straßenkünstlern. Das Herz des Viertels, die Plaza Dorrego, ist dann Tanzfläche. Gespielt wird – was sonst? – Tango.

SAN TELMO

Ricardo Montesino, der Herr der Tangobar

In San Telmo gibt es viele Kolonialstilhäuser, aber Ricardo Montesino verliebte sich in ein ganz bestimmtes. Ein Eckhaus mit großen Fenstern, aus dem Jahr 1910. Es steht dort, wo die Straßen Estados Unidos und Balcarce sich kreuzen. Er mietete das Erdgeschoss mit den schwarzweißen Bodenfliesen und kaufte Möbel auf dem Flohmarkt. Das war vor 40 Jahren.

Heute ist die „Bar Sur" die älteste Tangobar in Buenos Aires. Im Grunde ein Zufall, sagt Montesino, 67. „Ich hatte damals wenig Geld und musste ein betagtes Interieur wählen – aber heute mögen die Leute gerade diesen zeitlosen Stil." Gemächlich setzt er sich an einen runden Holztisch, streicht sich übers weiße Haar. Auch sein Oberlippenbart ist weiß, wie das frisch gebügelte Hemd. Durchs Fenster ist eine typische Straßenecke des Viertels zu sehen: Kopfsteinpflaster, schmale Gehsteige, Häuser mit hohen Fenstern, gebaut Anfang des 20. Jahrhunderts. Auf den Stufen eines Hauseingangs sitzt ein älteres Paar und trinkt Mate-Tee.

„Mein Vater brachte mich hierher, als ich ein Kind war. Er sagte: ‚Schau, das ist der Stadtkern, hier wurde Buenos Aires gegründet'." Montesino blickt nach draußen. Tatsächlich ist San Telmo einer der ältesten Stadtteile von Buenos Aires, viele Häuser stehen unter Denkmalschutz. Seinen Namen verdankt das Viertel italienischen Einwanderern. Sie ehrten damit den neapolitanischen Patron der Fischer und Seefahrer: San Telmo.

Als Montesino seine Bar 1967 eröffnete, galt der Stadtteil als einfache Arbeitergegend – trotz der mondänen Fassaden von Stadtpalästen und Wohnhäusern. Der Grund war eine Gelbfieber-Epidemie im Jahr 1870. Wer Geld hatte, verließ damals sein Haus in San Telmo und zog in den Norden der Stadt. Bald richteten sich einfache Leute in den leer stehenden Bürgerhäusern ein – und blieben. Gebäude wie die „Pasaje Defensa" erzählen noch heute von diesem Wandel: Einst Wohnsitz des reichen Ehepaars Ezeiza, teilten sich nach der Epidemie mehrere

MICROCENTRO

Aida Sarti, die Mutter von der Plaza de Mayo

Niemand kann Aida Sarti von der Plaza de Mayo vertreiben. Jeden Donnerstag um 15 Uhr bindet sich die 79-Jährige ein weißes Kopftuch um und geht demonstrieren. Immer auf dem Maiplatz, dem Herzen der Stadt. Er ist gesäumt vom rosafarbenen Regierungsgebäude, der Nationalbank, der Kathedrale und dem Ratsgebäude Cabildo mit dem putzigen Glockenturm, in dem 1810 die Unabhängigkeit Argentiniens beschlossen wurde. Auf dem Grundstück der Casa Rosada stand das erste Haus der Stadt. Hier gründete Juan Garay 1580 Buenos Aires. An Nationalfeiertagen versammeln sich die Argentinier zu Tausenden auf der herrschaftlichen Plaza – und hier her kommen sie auch, um zu protestieren, wenn sie mit der Regierung mal wieder unzufrieden sind.

Büroangestellte in dunklen Anzügen eilen hier vorbei, Urlauber genießen die Sonne auf den Steinbänken, fliegende Händler verkaufen Souvenirs und weißblaue Argentinien-Fähnchen. Auf den Boden sind einige weiße Kopftücher gemalt – sie markieren den Weg, den die Mütter jeden Donnerstag gehen.

1976 bis 1983 war die Zeit der Diktatur. Seit 1977, nachdem die Militärs ihre Tochter Beatriz verschleppt hatten, ist Aida Sarti dabei. „Der Platz gehört uns", sagt die kleine Frau mit den grauen Haaren. Sie schreitet energisch voran, immer um die *pirámide de mayo* herum, einen kleinen Obelisken, der in der Mitte des Platzes steht. Bis heute weiß sie nicht, was damals mit ihrer Beatriz passiert ist. Wie ihr ergeht es vielen. „Wir stehen wie auf einer Wolke, es gibt nichts Greifbares." Und darum hören die Mütter der Plaza de Mayo nie auf zu demonstrieren. Damit ihre Kinder nicht vergessen und die Verbrecher bestraft werden. *La ronda* nennen sie ihren Donnerstagsmarsch auf dem Platz, von dem die Avenida de Mayo abzweigt und zum Kongressgebäude führt. Zur Macht.

Die Madres de la Plaza de Mayo sind in Argentinien so etwas wie Nationalheldinnen. Während der Jahre der Diktatur, als sich niemand traute, auch nur zu fragen, was mit all den Menschen passierte, die von den Häschern der Militärs entführt wurden, begannen die Mütter, sich auf dem Platz zu treffen. Trotz Versammlungsverbot. Drei von ihnen überlebten die Diktatur nicht. Aber auch davon ließ Aida sich nicht abschrecken. Sie wollte ihre Tochter zurück. Alles andere zählte nicht.

Aber sie erinnert sich auch noch an die Zeit davor, als sie den Platz ohne Traurigkeit betreten konnte. Als sie jung war, mit ihrer eigenen Mutter ins Zentrum fuhr, um Perón zuzujubeln. Damals begann sie, in einem Stoffladen zu arbeiten, wenige Blocks vom Maiplatz entfernt. Es war ein edles Geschäft, in dem Evita sich ihre Kleider schneidern ließ. Auf dem Maiplatz nahm Aida dann an ihrer ersten Demonstration teil – ohne es zu wollen. „Ich kam aus dem Geschäft und wollte nach Hause gehen, da geriet ich mitten in die Demo, es ging ums Weihnachtsgeld." Prompt wurde sie fotografiert und landete auf der Titelseite einer Zeitung. „Ich hatte Angst, dass ich meinen Job verlieren würde", sagt sie. „Aber es war ein Erfolg. Wir alle bekamen das Weihnachtsgeld, und mein Chef sagte nicht einen Mucks." Ein Lächeln huscht über ihr Gesicht. Welche Bedeutung die Plaza de Mayo einmal für sie haben würde, wie oft sie dort noch aus Protest im Kreis laufen würde, ahnte sie damals nicht.

„Wir sammeln Informationen für ein Buch über die Mütter, und natürlich wird es auch um den Platz gehen", sagt Sarti. „Unsere Geschichten sind untrennbar miteinander verwoben."

RETIRO

Miguel Bornstein, Möbelmacher mit Faible für Farben

„Sieht ein bisschen aus wie in Paris hier, oder?", fragt Miguel Bornstein. Er sitzt auf einem bequemen Sessel und blickt durch das Schaufenster seines Ladens auf die gegenüberliegende Straßenseite. „In Retiro wohnten eigentlich immer Leute mit Geld, hier durften sich die Architekten schon im 19. Jahrhundert austoben." Draußen säumen goldfarbene Laternen die Straßen, pompöse Portale führen in die mehrstöckigen Bürgerhäuser des Viertels, die Wohnungen sind stuckverziert, mit hohen Decken und geschwungenen Balkonen. Wenige Blocks entfernt liegt die Plaza San Martín, „einer der schönsten Plätze der Stadt", sagt Bornstein, 61, und blickt durch seine Brille mit dem zarten roten Rand. „Ich mag das gepflegte Grün, die Bänke, die alten Bäume und den Blick auf den Turm der Engländer."

Bornstein wohnt in Retiro und besitzt zwei Läden im Viertel, eine Antiquitätenhandlung und nur wenige Häuser weiter sein Geschäft „30quarenta", in dem er selbst kreiert und alte Möbel und Gegenstände in moderne Designstücke verwandelt. „Color, humor y forma", seien das wichtigste hier – „Farbe, gute Laune und die Form".

Der Sessel, auf dem er sitzt, ist ein gutes Beispiel für das, was Bornstein begeistert: ein Holzgestell, wahrscheinlich über hundert Jahre alt, aber nun neu gepolstert und mit einem schwarzweiß gestreiften Stoff bezogen. Bornstein beschreibt seinen Stil so: „Wir nehmen das Schönste vom Alten und kombinieren es mit dem Schönsten von heute." Und das kann so aussehen: An der Wand gegenüber hängt ein runder Spiegel, umrahmt mit Puppenaugen aus Porzellan. Ein eigensinniges Stück, ganz nach dem nicht minder eigensinnigen Geschmack seines Schöpfers. „Es ist ein Spiegel, der den Betrachter ansieht", erklärt Bornstein.

Eigenwillig ist auch Retiro selbst, ein Viertel voller Kontraste. Oben auf der Anhöhe thronen die stolzen Bürgerhäuser, in den Erdgeschossen befinden sich Kunstgalerien und Antiquariate, dazu gibt es einige Luxushotels. Etwas weiter in Richtung Río de la Plata liegen gleich drei Bahnhöfe: Fliegende Händler rufen hier durcheinander, laufen auf den Gehsteigen und bieten neben den Autokolonnen ihre Waren an. Und am Ende der Straße liegt der gigantische Busbahnhof, von dem aus jeden Tag Menschenmassen in die Stadt kommen – und ihr entfliehen.

„Früher, als ich noch in einem Vorort im Norden wohnte, beeindruckte mich das Viertel, sein Chaos, die vielen Menschen. Heute habe ich mich daran gewöhnt", sagt Bornstein. Seine Mutter war 1925 aus Wien nach Buenos Aires gekommen, der Vater – ebenfalls ein Wiener – musste 1937 vor den Nazis fliehen und ging nach Argentinien.

„Ich kam bereits als Jugendlicher gerne nach Retiro, vor allem weil hier so viele Auktionshäuser waren. Alte Möbel reizten mich schon immer, auch wenn ich damals kein Geld hatte, um sie zu kaufen." Vor 20 Jahren verwirklichte er seinen Traum und eröffnete einen eigenen Antiquitätenladen. Das älteste Stück, das er momentan im Angebot hat, ist der Holzrahmen eines Kamins aus der Renaissance, den er aus Frankreich importiert hat. Seine Möbel sind etwas Besonderes. „Anfang des letzten Jahrhunderts war dieses Land sehr reich", sagt Bornstein. „Die Argentinier reisten viel und brachten edle Stücke aus aller Welt mit – die kaufe ich nun auf." Besonders den Touristen gefällt sein eigenwilliges und weitgereistes Mobiliar. Genauso wie das Viertel Retiro. „Sie entdecken hier eine europäische Stadt mit lateinamerikanischem Charme."

Adios
BRUCE LEE
TECHNICOLOR
TODO DEPENDE DE
LO MIRE

RECOLETA
Ester Romero, Psychologin im Nobelviertel

Im Stadtteil Recoleta blühen die Jacaranda-Bäume und die Neurosen, heißt es. Ester Romero, 59, Psychologin, nickt. „Wir haben hier die höchste Psychologendichte der Stadt, das war schon immer so." Nirgendwo auf der Welt gibt es so viele Psychologen wie in Buenos Aires: Während in New York auf 100 000 Einwohner 100 Therapeuten kommen, sind es hier 795. Warum diese Anzahl so enorm hoch ist, haben sich schon viele gefragt – eine eindeutige Antwort aber nicht gefunden. Es mag daran liegen, dass Buenos Aires von Einwanderern geprägt und die kollektive Flucht vor Krieg und Armut bis heute nicht verarbeitet ist. Zudem neigt der Porteño zur Melancholie und beschäftigt sich gerne mit sich selbst. Viele in der Stadt dürften auch noch immer unter den Folgen der Militärdiktatur leiden. Wer Jahre lang unter einem brutalem Regime gelebt hat, entwickelt zwangsläufig ein kompliziertes Innenleben.

In Buenos Aires haben sich die meisten Therapeuten auf Psychoanalyse spezialisiert – und eine Praxis in Recoleta gesucht. „Als die Psychoanalyse Mitte des 20. Jahrhunderts in Mode kam, konnten sich nur die Reichen eine Therapie leisten", sagt Romero. „Also siedelten sich die Psychologen in Recoleta an, hier wohnte die Oberschicht."

Noch heute ist das Viertel eines der exklusivsten der Stadt. Hier steht das Luxushotel „Alvear Palace", es ist berühmt für seinen exzellenten Sonntags-Brunch. Hier verläuft die Avenida Alvear mit ihren Designer-Läden, der Laufsteg der High Society. Im Museo de Bellas Artes hängen Werke von Van Gogh, Picasso, Miró, Kandinsky und Goya. Die Straßenzüge und noblen Häuser zeugen von einer geradezu glamourösen Vergangenheit. Von einer Zeit, in der Argentinien eines der reichsten Länder der Welt war.

„Ich hätte nicht gedacht, dass ich mal in Recoleta arbeiten würde", sagt Romero, die in der weiß getünchten Kirche Nuestra Señora del Pilar, gleich neben dem Friedhof, getauft wurde. „Ich fand das Viertel früher gruselig, vor allem die Statuen und Mausoleen auf dem Friedhof. Meinen Vater faszinierte das. Er zeigte mir damals auch das Grab Evitas, aber ich hatte Angst." Heute verstehe sie ihren Vater, sagt Romero, aber so ganz geheuer sei ihr der 1822 eingeweihte Friedhof mit seinen 6 000 Gräbern noch immer nicht.

Dabei hatte sie 15 Jahre lang eine Praxis mit Blick auf die Friedhofsmauer, gleich um die Ecke der Plaza Francia, auf der ein großer Floh- und Kunsthandwerksmarkt Besucher anlockt. Vor kurzem zog Romera in eine Gemeinschaftspraxis weiter im Süden, an den Rand des Viertels, in die Nähe der Zentrale der Psychoanalytischen Vereinigung, die ihren Sitz natürlich auch in Recoleta hat. „Dort habe ich schon als Studentin Kurse besucht", sagt sie. Sie trägt eine randlose Brille und streicht sich die blond gefärbten Haare hinters Ohr.

Wenn Romero Zeit zwischen den Sitzungen hat, schaut sie sich die Boutiquen an oder besucht eines der alten Cafés mit den kleinen Holztischen, die je nach Gruppengröße zusammengeschoben werden. „Im Centro Cultural Recoleta gibt es exzellente Ausstellungen", sagt Ester Romero. Das Kulturzentrum entstand in dem ehemaligen Konvent der Franziskanermönche „Padres Recoletos", die dem Viertel seinen Namen gaben. Oft geht sie auch in die Nationalbibliothek. „Aus dem Lesesaal im Obergeschoss hat man einen fantastischen Blick auf die Stadt und den Río de la Plata", sagt sie. Und Bücher und Kultur seien ihr nun mal lieber als Gräber.

Canadian Tourism Commission
Commission canadienne du tourisme
WER SAGT, DASS MAN EINE STADT ZU FUSS EROBERN MUSS?
www.meinkanada.com
Canada
keep exploring

LA BOCA

Víctor Fernández, der verliebte Maler

„Wenn ich erwachsen bin, will ich Maler werden, in La Boca und sonst nirgends." Diesen Satz schrieb Víctor Fernández als 15-Jähriger in einem Schulaufsatz. Er war mit seinem Vater in dem Hafenviertel im Süden von Buenos Aires gewesen, bei einem Spiel der berühmten Boca Juniors, seinem verehrten Fußballclub. Und da hatte er sich verliebt: in den Blick auf den Hafen, aus dem Atelier des Malers Benito Quinquela Martín. In den Geruch der frischen Farbe. In das Werk Quinquelas, der La Boca auf unzähligen Ölbildern gemalt hatte. Sie zeigen den Stadtteil als reges Einwandererviertel in der ersten Hälfte des 20. Jahrhunderts, vor allem Italiener hatten sich dort nieder gelassen. Sie wohnten in *conventillos,* Mehrfamilienhäusern mit großen Hinterhöfen, in denen die Bewohner gemeinsam Geburtstage und Weihnachten feierten. Die Häuser der Einwanderer waren aus Holz, die meisten Fassaden mit Wellblech verkleidet, das die Bewohner mit leuchtend bunten Schiffsfarben anmalten.

Heute ist Víctor Fernández 45 Jahre alt und wohnt drei Straßen vom Stadion der Boca Juniors entfernt. „Ich bin auch ein Einwanderer", sagt Fernández, der im Süden der Stadt an der Atlantikküste aufwuchs und seit 26 Jahren in La Boca wohnt. „Ich brauche die Nähe des Stadions, des Hafens." Kürzlich hat er ein Angebot aus Mailand ausgeschlagen, ein Galerist wollte ihn einladen, in Italien zu arbeiten. „Ich könnte unter keinem anderen Himmel malen. Auch wenn meine Bilder nicht immer La Boca zeigen, die Farben des Viertels, seine Menschen und sein Licht sind immer in ihnen präsent."

Fernández hat sich einen Lebenstraum erfüllt. Denn er ist genau an den Ort zurückgekehrt, in den er sich als Kind verliebte: in das Museo Quinquela – wo er heute künstlerischer Leiter ist. Nun kann er sich so oft er will in das Atelier Quinquelas im obersten Stockwerk stellen und den Hafen von dort aus beobachten. Oder auf die Dachterrasse des Gebäudes steigen, von der aus man das ganze Viertel im Auge hat. Auch das Stadion seiner Boca Juniors.

Fernández läuft jeden Morgen die wenigen Blocks von seiner Wohnung zum Museum und trinkt einen Café in der „Bar Roma". „Das ist mein Ritual," sagt er und grüßt einen Passanten: „Como estás?" Es scheint, als würden ihn alle im Viertel kennen, ausgenommen die Touristen, die sich die berühmteste Straße La Bocas, den *caminito,* „das Weglein", ansehen. Hier finden sie die bunten, windschiefen Häuschen der Einwanderer und Seeleute, das Postkartenmotiv Nummer eins im Viertel. In einigen dieser Häuser sind Souvenirläden und Galerien untergebracht.

Fernández bleibt stehen und beobachtet, wie die Besucher mit den Straßenmalern sprechen, die ihre Staffeleien auf dem *caminito* aufgebaut haben. Andere lassen sich mit einem Maradona-Doppelgänger fotografieren. Aus den Läden tönen Tango-Klänge.

„Die meisten Besucher laufen den *caminito* einmal rauf und wieder runter, dann fahren sie wieder", sagt Fernández. „Dabei gibt es in La Boca noch viel zu sehen." Er spricht vom Museum Conventillo Marjan Grum, einem in knalligen Farben angemalten Holzhaus. Von einer Vorstellung der Gruppe „Catalinas Sur", einem Nachbarschaftstheater, an dessen Inszenierungen über 300 Menschen mitwirken. „Sich gegenseitig helfen, Neuankömmlige integrieren – das ist der Geist von La Boca", sagt Fernández. Manchmal sieht er an Sonntagen einen großen Tisch in einem der Hinterhöfe, rundherum Menschen, die essen, trinken, feiern. „Dann freue ich mich", sagt er. „Das alte Lebensgefühl der Einwanderer ist bis heute zu spüren." □

VON EINHEIMISCHEN EMPFOHLEN!
Hamburg
MERIAN
Reiseführer
Hamburg
ÜBERALL, WO ES BÜCHER GIBT
UND UNTER WWW.MERIAN.DE
MERIAN
Reiseführer
Die Lust am Reisen

Der stolze Tanz der traurigen Gedanken

Manche hatten den Tango schon totgesagt. In seiner Wiege Buenos Aires lebt er wieder auf. Füllt Lokale, Straßen und die Herzen

TEXT: KAREN NAUNDORF, FOTOS: KLAUS BOSSEMEYER

Taktvoll: Virginia Uva und Partner César im Tangolokal „La Bolsa"

Gefühlvoll: Bandoneón-Spieler
Pablo di Lauro streichelt die Tasten

Die Eminenz: Sänger Alberto Podestá hat alle Trends überlebt

Tango ist eine Haltung. Er kann niemals altmodisch sein

El Maestro!", ruft der Kellner im „La Cumparsita". Alle Augen richten sich auf die Schwingtür der Eckkneipe, in deren Rahmen ein kleiner Mann im Anzug steht. Der Mann hält inne, rückt seine Hornbrille zurecht, lächelt. Die Gäste stehen, applaudieren. Der Maestro weiß, dass das Publikum ihm gehört. Er geht nicht sofort zur Bühne, er setzt sich an einen der Bistrotische. Hinten, wo das Licht besonders schummrig ist. Wie immer bestellt er Mineralwasser. Um das Wertvollste, das er hat, zu schonen. Seine Stimme.

Alberto Podestá ist eine Tangoeminenz in Buenos Aires. Einer der letzten, die die große Zeit in den 1930er Jahren erlebt haben, als Carlos Gardels Stücke wie „Mi Buenos Aires querido" oder „Volver" Kassenschlager waren und der Tango aus allen Radios klang.

„Ich wollte keine Wiederkehr, aber man kehrt immer zur ersten Liebe zurück", hörte der kleine Alberto den Star Gardel bei einem Konzert 1933 singen, er saß auf dem Schoß eines Onkels. Die Musik berührte den Neunjährigen, auch wenn er den Sinn der Worte noch nicht verstand. Aber eines wusste er. Alberto wollte singen wie Gardel, also begann er zu üben. Bald nannten die Leute ihn „Gardelito". Ihn, den Jungen, der in kurzen Hosen aus der Provinz in die Großstadt kam. Der 1939 seine ersten Tangos in Buenos Aires vorsang, dieser Stadt, in der das Heimweh der Einwanderer bei Konzerten mit zu Gast war. Podestá war gekommen, um zu bleiben. Auch als der Tango irgendwann kein Geschäft mehr war, sang er weiter, kämpfte jahrelang um jeden Centavo, dankbar für jedes Engagement.

Längst liebt ihn das Publikum wieder. Ihn und diese melancholische Musik. „Tango ist ein trauriger Gedanke, den man tanzt", so sagte es einmal der Komponist Enrique Santos Discépolo. Und Alberto Podestá, die Eminenz, ist nun auch einer letzten der Maestros, die an der Renaissance des Tango teilhaben. Seit ein paar Jahren kann man mit dem Tango wieder Geld verdienen. In Buenos Aires gibt es immer neue Tango-Hotels, jeden Abend zig *milongas*, so heißen diese Tanzabende. Sogar Argentinier, die den Tango längst als Touristenattraktion abgestempelt hatten, belegen nun plötzlich wieder Tanzkurse.

Im „La Cumparsita" zieht der Kellner die Vorhänge zu, als Podestá bedächtig die Stufen zur Bühne hochsteigt. Dort sitzt schon der Bandoneón-Spieler, er hat ein Tuch auf den Oberschenkel gelegt, um die Anzughose zu

schützen. Podestá singt „Bazar de los juguetes“. Das Lied handelt von einem Mann, der einen Spielzeugladen leer kauft und alles verschenkt, um arme Kinder glücklich zu machen. Podestá füllt den Raum mit seiner Stimme, sie ist kraftvoll, auch in den leisen Tönen. Es ist, als rezitiere er ein Gedicht. Das Publikum hört zu, gebannt, es leidet mit, wenn im Lied „Yira Yira“ der Protagonist, von der Welt enttäuscht, singt: „Auch wenn dich das Leben zerbricht, wenn ein Schmerz dich beißt, erwarte nie eine Hilfe, keine Hand, keinen Gefallen.“ Als die Phrase endet, zieht Podestá die Brauen hoch, schließt die Augen, hebt den Zeigefinger. „Bravo, Maestro!“, ruft das Publikum. Als Podestá seine Show beendet, dämmert der Morgen. Auf der Plaza Dorrego in San Telmo bauen die ersten Antiquitätenhändler ihre Stände auf.

Sonntags wird das Viertel zur Fußgängerzone, die Plaza zur Tanzfläche. Virginia Uva, eine 26-jährige Kunststudentin ist auch hier, wie immer. Ihr Foto klebt schon in vielen Alben dieser Welt. Längst hat sie den Überblick verloren, sie weiß nicht mal, wie oft sie allein an diesem Sonntag schon fotografiert worden ist. Wozu auch? Sie hält die Augen geschlossen, verliert sich im Tanz, lässt sich vom Mann führen; die Plaza, das Publikum, sie nimmt es kaum noch wahr. Virginia ist das Motiv, und San Telmo, das Viertel mit den Pflastersteinstraßen und Kolonialstilhäuschen, die perfekte Kulisse.

Tango, das war einst die Musik der Spelunken und der Immigranten, die in der Musik ihre Sehnsucht nach der Heimat, nach großen Gefühlen, nach Liebe besangen. Ihre Tiefgründigkeit bekam die Musik aber auch vom gefühlsschweren Klang des Bandoneón. Das Instrument mit den dramatischen Tiefen und brillanten Höhen wurde in Deutschland erfunden – in Argentinien gelangte es zu Weltruhm. Tango, der Name steht längst nicht mehr nur für die Musik aus den Hafenvierteln: Mit Astor Piazzolla näherte sie sich dem Jazz, mit Bands wie Gotan Project oder dem Bajofondo Tango Club der elektronischen Musik. Mit dem Ensemble Orquesta Típica Fernández bewegt ein klassisches Tango-Orchester plötzlich wieder junge Leute. Die Musiker sind so etwas wie Rockstars, sie tragen Kapuzenpullis, Rastazöpfe und geben Autogramme.

Aber Tango, natürlich, das ist auch der Tanz. Ein Tanz, der einst verrufen war. Der zwischen Männern entstand, dann tanzten ihn die Lebedamen. So populär wurde er, dass er Papst Pius X. im fernen Rom Sorgenfalten auf die Stirn trieb. Er ließ sich diesen lasziven neuartigen Paartanz 1914 eigens im Vatikan vorführen. Dass Seine Heiligkeit sich danach nicht negativ äußerte, wurde als stillschweigende Approbation ausgelegt.

Nun, so wie Virginia Uva den Tango an diesem Abend tanzt, hätte der Papst ihn sicher verboten. Sie ist inzwischen weitergezogen, steht auf der Tanzfläche im Salón Canning im Stadtteil Palermo, sie trägt ein rotes Kleid, aufgeschlitzt bis zum Oberschenkel. Gegenüber, zehn Meter entfernt, wartet César im weißen Anzug, seit sieben Jahren ihr Freund und Tanzpartner. Die Musik setzt ein, die beiden gehen aufeinander zu. Sehen sich tief in die Augen, ein stolzes Spiel. Er fasst sie an der Hand, ein Ruck, und sie liegen sich in den Armen. Sie zeigen Showtango, dies ist nicht mehr der Tango der Onkel und Tanten, der argentinischen Familienfeste: César wirft Virginia in die Höhe, dann steht sie wieder vor ihm, neigt sich nach hinten.

Am Rand der Tanzfläche sitzt Virginias erster Tangolehrer, sie war 16 Jahre alt, als sie anfing, bei ihm zu lernen. Er flüstert: „Für den Film ‚Evita‘ habe ich sogar Madonna die Tanzschritte beigebracht“. Dann ist die Show im Salón Canning vorbei. „Excelente!“, ruft der Tangolehrer. Virginia und César sind eines dieser Paare, die vom und für den Tango leben. Jeden Abend tanzen sie in einem Steakrestaurant, nachmittags geben sie Unterricht. Zu Hause schieben sie den Esstisch zur Seite und trainieren in der Wohnküche, an der weißen Wand sind die Spuren der Schuhabsätze zu sehen.

Ein kleiner Mann um die dreißig stößt die Tür zum Salón Canning auf und führt vier Damen zu einem reservierten Tisch. Nicolás Godoy, 1,60 Meter groß, trägt einen perfekt gebügelten Anzug und arbeitet jetzt: Er ist Taxi-Tänzer, ein Tänzer zum Mieten. Ein gefragter Job, denn die Tangowelt hat ihre eigenen Gesetze. Wer nicht gut tanzt, kann lange warten, bis er aufgefordert wird. Auch müssen Anfänger das System des *cabezeo* lernen: Allein der Blick genügt, um eine Dame aufzufordern – was dieser die Möglichkeit gibt, den Tanz abzulehnen, ohne den *caballero* zu beleidigen. Sie

Im alten Stil: Podestá bei der Arbeit, oft singt er bis zum Morgengrauen

Junge Talente: Moderne Orchester interpretieren den Tango neu

Heißes Pflaster San Telmo: Sonntags wird die Plaza Dorrego zur Tango-Bühne

MERIAN | TIPP Tango in Buenos Aires

EINKAUFEN
(b 3) **Tango Moda**
Alles, was Sie für Ihren Tango-Auftritt brauchen: Anzüge, Schuhe, Einstecktücher. Tango Moda liegt im 16. Stock des Palacio Barolo bei der Plaza Congreso.
Av. de Mayo 1370
Tel. (011) 43 81 40 49

TANZEN FÜR ANFÄNGER
Adriana Duré
Die erfahrene Tango-Lehrerin bietet Unterricht auf Spanisch und Englisch an. Je nach Wunsch gibt es Einzel- oder Gruppenkurse.
Tel. (011) 48 65 95 18
www.adrianadure.com

FÜR PROFIS
(a 4) **Adrián Veredice y Alejandra Hobert**
Die beiden tanzen auf höchstem Niveau und geben Unterricht – wenn sie nicht gerade auf Tournee sind.
Famatina 3618
Tel. (011) 49 11 16 12
www.adrianyalejandra.com

TÄNZER ZUM MIETEN
Auch Sie können Nicolás Godoy und seine Kollegen buchen. Über www.tanguerosbailarines.com.ar oder unter Tel. (011) 15 55 93 41 32

MILONGAS: TREFFEN DER TÄNZER
Aktuell übers Internet
Termine, Tipps, Kontakte: Die Website www.tangotanzen.com informiert auf Deutsch über die Szene in Buenos Aires und wird regelmäßig aktualisiert.

(a 2) **La Glorieta**
Tanzen unter freiem Himmel und in einem Pavillon im Park. Unterricht ab 19 Uhr, danach findet eine Milonga statt. Treffpunkt: Barrancas de Belgrano, gegenüber dem Bahnhof Belgrano C, Juramento Ecke 11 de Septiembre.

(a 2) **Salón Canning**
Eine der beliebtesten Milongas. Gute Tanztage sind Di und Fr, 23-4 Uhr.
Scalabrini Ortiz 1331
Tel. (011) 48 26-83 51

ÜBERNACHTEN
(c 4) **El Sol de San Telmo**
Einfaches Hostel mit Tanzraum und Terrasse. Alleinreisende finden hier schnell Freunde und Tanzpartner.
Chacabuco 1181
Tel. (011) 43 00-43 94
www.elsoldesantelmo.com

>> Die Planquadrate verweisen auf den Stadtplan von Buenos Aires auf S. 111

muss nur den Blick nicht erwidern. Doch manchmal bezahlen auch Männer, gute Tänzer, den Profi zum Mieten. Wer neu in der Stadt ist, muss sich und sein Können in der Welt der *milongas* erst mal zeigen. Er arbeitet auch mit Männern, seit einmal eine 1,82 Meter große Deutsche bei ihm anrief. „Der musste ich einen anderen Partner suchen", erinnert er sich. „Wann suchst du dir endlich einen richtigen Job?", hatte die Mutter Nicolás gefragt, als er vor sieben Jahren begann, als Tänzer zu arbeiten. „Sie hat ihre Meinung geändert", sagt Nicolás.

Die meisten seiner Kundinnen sind zwischen 45 und 60 Jahre alt. „Sie wollen nicht warten, bis sie aufgefordert werden." Geht er mit Kundinnen privat aus? „Nie. Ich sage immer, dass ich eine Freundin habe, ob es stimmt oder nicht." Und wenn der Tango mal nicht mehr modern ist? „Tango ist keine Mode, Tango ist eine Lebensform, er kann nicht altmodisch werden", sagt Nicolás.

Die meisten Frauen mieten ihn für zwei Stunden, auch heute hat er noch eine weitere Kundin, eine Argentinierin, 72 Jahre alt. María Dolores wartet bereits in ihrem Wohnzimmer auf Nicolás. Auf dem Tisch stehen Kekse in einer Porzellanschale. Auf der Stirn trägt sie eine Spur Glitter. Seit über 25 Jahren ist sie Witwe, lebte zurückgezogen, still. „Meine Kinder dachten, ich tauge nur noch zum Socken stricken." Dann, eines Tages, las sie in der Zeitung von Nicolás. Sie rief ihn an, er holte sie ab.

María Dolores fasste Vertrauen und nahm Unterricht. Zu ihrem Geburtstag kündigte sie schließlich eine Tanzshow an: „Sie hätten mal das Gesicht meiner Söhne sehen sollen, als ich einen Tango mit Nicolás aufs Parkett legte." Seitdem tanzt sie jede Woche. Sie fühle sich beim Tanzen leicht wie auf einer Wolke, sagt sie.

Es klingelt an der Tür. Nicolás ist mit dem Taxi gekommen, für María Dolores beginnt die Tango-Nacht. Sie lächelt. Dann sagt sie, schon auf dem Weg zur *milonga*: „Der Tango macht mich jung. Tango tanzen ist mit den Füßen träumen." □

klassik radio
live in concert
PROMS
2008
Das Beste aus Klassik, New Classics & Filmmusik.
11.01.2009 BERLIN, Philharmonie
05.02.2009 MÜNCHEN, Gasteig
22.02.2009 NÜRNBERG, Meistersingerhalle
Bald ist Weihnachten. Tickets, Musik
und mehr im Klassik Radio Onlineshop.
www.klassikradio.de
Tickethotline: 018 05 / 84 80 84*
*(14 ct/ Min., ggf. abweichende Mobilfunktarife)
klassik radio
Alle Frequenzen unter www.klassikradio.de

Der Verflossene

Der größte Gletscher Südamerikas schmilzt dahin. Bis zu 800 Meter pro Jahr ziehen sich die Eismassen zurück und geben der Landschaft damit ein neues Gesicht

1928 | Im Jahr seiner Entdeckung ging es dem Gletscher noch gut. Die Berge lieferten stetig eisigen Nachschub: Millionen Tonnen gefrorenes Wasser bahnten sich den Weg in Patagoniens Hochebene

2007 | Über vier Kilometer hat sich der Gigant in den letzten Jahren zurückgezogen. Entstanden ist ein neues, fast unwirkliches Bild: Der einst vereiste Lago Argentino mutet wie eine blaue Lagune an

Als der italienische Missionar und Entdecker Alberto María de Agostini 1928 die Hochebene Patagoniens erreichte, staunte er nicht schlecht. Und machte ein Foto, das berühmt wurde (Bild oben): Vor ihm lag der gewaltigste Gletscher Südamerikas. Ein weißgrauer Gigant aus Eis, der sich ächzend und knackend von den Bergen hinabquälte, sich bis zum Horizont spreizte – und dabei immer weiterwuchs. Benannt wurde er nach der schwedischen Stadt, deren Universität sich erstmals wissenschaftlich mit dem weißen Riesen befasste: Uppsala. Und auch die Forscher waren beeindruckt. Stetig ergossen sich frierende Wassermassen aus den Bergen, blockierten den Lago Argentino und füllten ihn mit Eismassen, -klumpen und sogar kleinen Eisbergen. Doch was einst von der Natur erschaffen wurde, verschwindet jetzt. Einer der berühmtesten Gletscher der Erde schmilzt, rinnt einfach dahin. Seit 1978 hält der Rückzug an, allein 1994 zog sich der Eispanzer um 800 Meter zurück. Die Berge schicken keinen eisigen Nachschub mehr ins Tal. Noch streiten die Experten, aber mit großer Sicherheit ist in erster Linie die globale Erwärmung schuld an dem dramatischen Schwinden. Der Upsala-Gletscher ist nicht der einzige in Patagonien, der zerfließt. In den letzten sieben Jahren haben die Gletscher hier jährlich bis zu 2000 Kubikmeter Eis eingebüßt. Doch im Vergehen der Natur steckt bekanntlich immer auch ein Werden. So hat das geschmolzene Eis die Landschaft verwandelt. Der Lago Argentino ist mit blaugrünem Wasser gefüllt, das an guten Tagen leuchtet wie ein Swimmingpool. Dahinter ragt der Upsala-Gletscher auf, von der strahlenden, eiskalten Lagune an den Rand des Geschehens verdrängt. □

Auf der Estancia Arsa treiben die Gauchos die Kühe zum „tacto“: Ein Veterinär prüft, ob die Tiere trächtig sind. Wenn ja, dürfen sie ihr Kalb austragen. Die anderen müssen noch einmal zum Stier, ihre letzte Chance. Sonst droht die Schlachtbank

GAUCHOS

Ihr Allag ist hart, riecht nach Staub und Fleisch. Sie werden nicht reich und wollen doch bleiben, was sie sind: die reitenden Söhne der Pampa

TEXT: PETER BURGHARDT; FOTOS: MARCO VERNASCHI

Ein Cowboy lebt karg und allein

Sie nennen ihn Indio. Ramon Medina trinkt nach einem langen Tag einen Mate in seiner Hütte, weit draußen auf der Farm. Er wohnt dort allein, mit 14 Hunden, den Strom liefert ein Generator. Morgens um sechs reitet er zur Arbeit

Diese Woche wird nach Schlamm schmecken und nach Vieh. Cacho (oben), einer der zehn Reiter der Estancia, treibt die Wiederkäuer zusammen. Jeder Gaucho kümmert sich um tausend Hektar Land und tausend Kühe, manchmal bleibt Zeit für eine schnelle Zigarette. Dann gehen sie zurück zu ihren Pferden

Die Welt des Gauchos ist weit und leer

Flach und endlos ist das Land bei Villa Gesell. Buenos Aires, 350 Kilometer im Norden, scheint Welten entfernt. Nach getaner Arbeit schwingt sich Indio auf sein Pferd und reitet nach Hause. Ein Mann allein in der Steppe

Treiben und Schlachten ist Routine

Jeden Montag töten die Arbeiter ein Rind und häuten es. Das Fleisch grillen sie, es reicht eine Woche lang für die Mahlzeiten. Gegessen wird unter freiem Himmel

Schwer sinkt die Sonne ins weite Land, die letzten Strahlen des Tages beleuchten ein Spektakel. Von den Weiden am Horizont nähern sich hunderte hellbrauner und schwarzer Gestalten, eine Invasion. Es sind 1200 Kühe der Rassen Angus und Hereford – nur knapp ein Zehntel des Bestands auf der Estancia Arsa, aber in der Masse eine gigantische Herde. Schnaubend traben die Tiere heran, kläffende Hunde rennen hinterher. Reiter treiben die Meute schreiend durch Tore in den Holzzäunen. Alle sind sie da. Der alte Navarro und der junge Diego. Medina, den sie Indio nennen. Jérez, gerufen El Vasco, der Baske. Néstor Martínez, den jeder nur als Cacho kennt, und die anderen fünf.

Auf ihren Pferden werfen die Männer lange Schatten, im weichen Licht sehen sie ein bisschen aus wie Cowboys einer amerikanischen Zigarettenreklame. Aber wir sind in Argentinien, für sie ist dies nur das Ende eines Arbeitstages. In der Nähe ist die Chefin.

Adela Santamarina wacht im Geländewagen über das Manöver, sie ist die Patronin. Ihr gehören diese 14 000 Hektar bei Villa Gesell, 350 Kilometer südöstlich der Hauptstadt Buenos Aires. 140 flache Quadratkilometer, nahe der Dünen am Atlantik. Ihr Großvater kam einst aus Spanien und machte sein Geld mit Leder. Doch als Kühlhäuser und Kühlschiffe erfunden waren, brachte das Vieh auf andere Weise mehr Profit: Fleisch. Die ebene Provinz Buenos Aires, fast so groß wie Deutschland, bevölkern ungefähr 35 der 55 Millionen argentinischen Rinder.

Gut 10 000 davon wachsen auf dem Land bei Villa Gesell heran, das Fleisch von hier gehört zum besten des Landes. „Ein Geschäft – und eine Lebensform“, sagt die Millionärin Santamarina, eine kleine, humorvolle und resolute Frau von Anfang Siebzig mit wettergegerbter Haut. Ihr Mann ist lange tot, die Kinder zogen in die Hauptstadt und in die USA, die Witwe führt wacker die Ranch. Aber was wäre ihr Imperium ohne die zehn Arbeiter, von denen jeder um die 1000 Hektar betreut und 1000 Kühe.

Natürlich kann man sie Gauchos nennen, warum nicht. Der Begriff steht für die reitenden Söhne der Republik, fürs argentinische Image ist er so wichtig wie der Tango. Man denkt an raue Kerle, die im Galopp über die Prärie jagen, am offenen Feuer halbe Kühe grillen und mit Gitarren die Freiheit besingen. José Hernández schrieb 1872 die urwüchsigen Verse vom „Gaucho Martín Fierro“, einer Art Don Quijote aus der Pampa und einer Zeit, als viele Felder noch keine Zäune hatten.

Ein weltbekannter Ursprung des Gaucho-Mythos liegt sogar nur eine Stunde von hier entfernt. Im Ort Ayacucho zäumte 1925 ein in der Schweiz geborener Argentinier namens Aimé Félix Tschiffely seine kreolischen Rösser auf und ritt davon. Im September 1928 trabte er auf die Fifth Avenue von New York, 15 000 Kilometer weit weg. Die Schwarzweißfotos gingen um den Planeten, Tschiffely wurde berühmt und kehrte im Auto zurück.

Die Realität hält solchen Geschichten nicht immer stand. Einige Gauchos sind bis heute Leibeigene. Manche machen Folklore für Touristen. Die meisten Gauchos der Gegenwart aber sind *peones,* Knechte. Adela Santamarina mag das Wort nicht, „klingt wie Sklaven“. Sie bezahlt ihre Leute vergleichsweise gut, 1500 Pesos im Monat, 500 Dollar, plus Prämien, freie Kost und Logis, Krankenversicherung und Anrecht auf Pension.

Ihre Angestellten sitzen seit der Kindheit im Sattel, und Ramón Medina kommt dem Klischee des verwegenen

Im Sattel sind die Gauchos schnell und stark. Ohne Pferde wären sie verloren

Reiten steckt ihnen im Blut

Gauchos am nächsten. Aber er ist auch ein Ritter von trauriger Gestalt. Unter seinem Schlapphut aus Nutriafell fallen grauschwarze Zotteln auf die Schultern. Ihm fehlen mehrere Zähne, er trägt eine zerfranste Jacke aus gefüttertem Cord und Gummistiefel. Medina ist 56, er hat hagere indianische Gesichtszüge. Darum auch sein Spitzname, Indio. Mit zwölf kam er aus Corrientes im armen Nordosten, Lesen und Schreiben lernte er erst beim Militär. Manchmal nuschelt er. Oft sagt er stundenlang nichts.

Medina alias Indio wohnt am Rand der Farm, in einem einsamen Wachposten mit Strom aus einem Generator. Er besitzt 14 Hunde, ansonsten ist er abends allein. Sitzt vor seinem Mate, herbem Tee in bauchigem Gefäß mit Strohhalm aus Metall, er schläft bis um fünf und reitet zur Arbeit. Leise erzählt er von 18 Brüdern und davon, dass er eine Zeitlang viel trank, „fünf Liter Rotwein am Tag“. Inzwischen geht es wieder. Unter seinem silberbeschlagenen Bauchgurt aus weinrotem Leder, der *rastra*, trägt er das wichtigste Werkzeug seiner Profession, sein Messer, das er ständig am Schleifstein schärft. An der kahlen Wand hängen zwei Seiten aus einem französischen Magazin mit seinem Bild, Titel: „Gauchos der Pampa.“

Die meisten Mitarbeiter leben auf der Estancia, so war es immer. Vor dem Anwesen der Besitzerin ducken sich Häuser für Familien und Junggesellen. César Navarro, 65, ist Leiter der Truppe, er fing vor 35 Jahren bei Adela Santamarina und ihrem italienischstämmigen Gatten Antonio Romano an. Vorher war er bei einem anderen Patron. Die meisten seiner Kinder sind auf dem Gelände von Arsa geboren, gingen hier zur kleinen Schule, die mittlerweile geschlossen ist, wurden in der Kapelle getauft und getraut. Es gab Jahre, da verließ Navarro seinen Arbeitsplatz monatelang nicht, wozu auch. Statt Autos gab es früher nur Pferde und Kutschen, das größte Vergnügen war die *pulpería*, die Bar hinter der Hauptstraße.

„Hat sich viel geändert, stimmt's, Cacho?“, brummt Navarro und zwirbelt seinen Schnurrbart. Vor Fremden ist auch er wortkarg. Cacho nickt, es ist abends, sie sitzen am offenen Kamin im Gemeinschaftsraum, der Mate macht die Runde. „Aber die Arbeit ist dieselbe geblieben, es wurde eher noch mehr.“

Tags darauf, an einem nasskalten Morgen, geht der tacto weiter, ein Höhepunkt der Saison. Ein Tierarzt rammt dabei den Wiederkäuern seinen mit Gummihandschuh bewehrten Arm in den Darm, bis er einen Widerstand ertastet – oder eben nicht. Wenn ja, ist das Tier trächtig und darf sein Kalb gebären. Wenn nein, bekommt es nach neuer Begegnung mit einem der hauseigenen Stiere noch eine Chance. Wiederholungsnieten und auch ältere Exemplare werden auf den Schlachthof gebracht, zu Großmärkten wie dem von Liniers in Buenos Aires.

Die Viehzucht ist in der Krise, Argentinien verliert an Bestand. Viele verkaufen ihre Tiere, bauen lieber Soja an und kassierten damit zeitweise acht bis zehnmal so viel pro Hektar. „Wir werden uns an Sojaschnitzel gewöhnen müssen“, spottet Adela Santamarina und findet: „Das Problem an Argentinien sind die Argentinier“. Weil es vielen nur ums Geld gehe. Sie selbst will bis zu ihrem Tod weitermachen.

„Leer“, ruft der Veterinär nach dem nächsten Rind: nicht trächtig. Cacho schneidet zur Markierung ein Stück vom Schweif oder Ohr ab und schmeißt es in eine rostige Tonne. Navarro prüft das Gebiss. El Vasco öffnet mit einem Ruck das Gatter. Medina und Diego schieben mit ihren Pferden weitere Prüflinge nach.

Es scheppert und kracht, es spritzt Schlamm und Exkremente. Eine Kuh wird nervös und bricht aus, stolpert mit aufgerissenen Augen und Schaum vor dem Maul über den Bretterzaun und verheddert sich brüllend im Draht. Die Gauchos sind in solchen Momenten Toreros und scheuchen sie tänzelnd zurück ins Gehege. Adela Santamarina wurde von einem vierbeinigen Koloss einmal umgeworfen und brach sich beide Handgelenke. Heute steht sie wieder am Geländer und verpasst ihren Rindern Mineralspritzen. Sie ärgert sich über Diego, der für ihren Geschmack zu oft mit der Lederpeitsche prügelt, für Kühe brauche man Geschick und Psychologie. Aber Diego ist noch neu, Anfang zwanzig. Er hat eine von Navarros Töchtern geheiratet, Santamarinas Haushaltshilfe, und schon einen Buben, der gerne Spiderman-Kostüme trägt, nur zu Festtagen mal Halstuch, Kappe,

Gurt und die weiten Bombacha-Hosen, die Kluft der Vorfahren. Ändern sich die Zeiten? Diego sagt, man könnte in einem anderen Job eventuell mehr verdienen. „Aber ich will nie weg. Ich bin Gaucho.“

Cacho bringt mittags mit dem Pickup Brennholz und ein gewaltiges Stück Fleisch, noch nicht von den Rippen gelöst. Jeden Montag schlachten sie eine Kuh für sich, ab und zu fangen sie das Opfer noch mit dem Lasso. Am Tatort wird ein Kuhfell aufgespannt. Cacho macht Feuer neben dem Schuppen, an dessen Wand „River campeón“ steht, River ist ein Fußballklub. Der Braten brutzelt, sie schneiden Fleisch von den Knochen, essen es mit dem spitzen Messer und Brot. Dazu gibt es rohe Würste aus selbst erlegten Wildschweinen, Wein aus der Flasche und Mate. Cacho sagt, „du wirst hier nicht reich, aber es stört dich keiner, und niemand beklaut dich wie in der Stadt“. Es wird gelacht, geschmatzt, geschwiegen. Adela Santamarina sagt, man müsse ihre Codes kennen. Sie selbst isst daheim in ihrem Speisesaal am Tisch.

Am Abend nach der Nachmittagsschicht fährt die Patronin über den Feldweg zurück zu ihrem Hof, die Helfer trotten im Sonnenuntergang auf ihren Pferden nach Hause. Indio Medina mit seinen Hunden. Navarro mit Zahnstocher und Zigarette. Diego hält in einer Hand die Zügel, in der anderen sein Handy. □

Peter Burghardt *lebt in Buenos Aires, als Korrespondent der* Süddeutschen Zeitung.
Marco Vernaschi, *italienischer Fotograf, verbrachte viele Tage mit den scheuen Gauchos, ehe sie ihm erlaubten, sie mit der Kamera zu begleiten.*

Nachbildung eines Giganotosaurus-Skeletts im Museo Carmen Funes in Plaza Huincul: 70 Prozent der versteinerten Knochen wurden in der Nähe gefunden, der Rest rekonstruiert. Forscher streiten sich, ob er oder Tyrannosaurus Rex der größte landlebende Fleischfresser der Erdgeschichte ist

Knochenarbeit im Reich der Panzer und Schädel

Nirgends werden mehr versteinerte Dinosaurier gefunden als in der Provinz Neuquén. Paläontologen stolpern hier förmlich über neue Funde

TEXT: TINKA DIPPEL

Über den Lago Barreales fegt manchmal der Wind, trägt den losen Sand davon und legt frei, was im Verborgenen wartet. Der Paläontologe Juan Porfiri läuft am Ufer entlang und stoppt alle paar Meter, wenn er einen Stein aus dem Boden ragen sieht, der einmal ein Dinosaurierknochen war. Juan kniet sich auf den festen Sandboden, streicht mit den Händen über ein längliches Exemplar und sagt: „Das hier war einmal eine Rippe." Dann kratzt er ein kleines flaches Steinplättchen frei und hält es in die Sonne: „Und das hier gehörte zum Panzer einer Schildkröte."

Relikte von Dinosauriern liegen hier dicht an dicht, der Boden der Provinz Neuquén ist gespickt mit den Überbleibseln Jahrmillionen alter Lebewesen. Der Lago Barreales liegt rund 90 Kilometer nordwestlich der Stadt Neuquén, Hauptstadt der gleichnamigen Provinz. Die Region ist ein Paradies für Paläontologen wie Juan, an keinem anderen Ort der Welt sind die Fossilien der Urtiere so gut zugänglich wie hier. Eine solche Masse an Schätzen birgt die Erde, dass Juan und seine Kollegen längst nicht jede Rippe ausgraben können, dazu fehlen ihnen Zeit, Geld und Mitarbeiter. Im Moment konzentrieren sie sich auf den Boden nahe dem See, hier liegt das Gelände des Lago Barreales Paleontological Center, kurz „Proyecto Dino". Die Gruppe um Juan und seinen Mentor Jorge Calvo klopft und feilt Tag und Nacht. Sie sind nur eines von vielen Teams in Argentinien, die um die Wette Knochen, Zähne, Wirbelsäulen, Panzer und Schädel aus dem Boden schaben. Doch selbst wer nicht gezielt danach gräbt, stößt hier leicht auf Überreste von Sauriern, etwa beim Ausheben eines Fundaments. Dann rücken die Paläontologen an. Ehe sie den Boden nicht untersucht haben, darf nicht weitergearbeitet werden.

Woher dieser Reichtum? Es ist nicht so, dass in Argentinien die meisten Dinosaurier gelebt hätten. Doch gibt es nur wenige Orte auf der Welt, wo ihre Relikte so nah an der Oberfläche ruhen. Der US-Staat Utah sei noch interessant, sagt Jorge Calvo, der Leiter des Proyecto Dino, außerdem die Mongolei und Alberta in Kanada. „Jährlich werden drei bis vier neue Arten entdeckt." Als die Dinosaurier in Argentinien lebten, war das Klima noch warm und feucht. Ihre Überreste lagerten sich im Gestein ab. Dann hoben sich die Anden, das Land wurde zur Wüste. Regen und Wind fegten darüber hinweg und legten nach und nach die versteinerten Überreste frei.

Der erste Dinosaurierfund in Argentinien wurde 1882 publiziert. Etwas mehr als 100 Jahre später stieß ein Landbesitzer nahe der Öl-Stadt Plaza Huincul auf einen kapitalen Beinknochen. Das Fossil landete neben alten Schreibmaschinen und Fotos von Ölfördertürmen im historischen Museum von Plaza Huincul – das vielleicht ein Stadtmuseum geblieben wäre, hätte nicht die argentinische Paläontologen-Legende José Bonaparte den Knochen dort gesehen. Bonaparte witterte eine Sensation. Er ließ sich die Fundstelle zeigen, stellte ein Team zusammen, zu dem auch Jorge Calvo gehörte, und begann zu graben. Er und seine

Kieferexperte und Knochensucher: Juan Porfiri am Ufer des Lago Barreales, wo er vor einer steinalten Rippe kniet. Sein Team gräbt hier Tag und Nacht

Auf der Suche nach Öl stießen Experten bei Neuquén auf die Reste eines Titanosaurus. Der Urzeitriese wurde bis zu zehn Meter lang und wog gewaltige zwölf Tonnen

Leute hoben zwischen acht und neun Prozent jener Kreatur und rekonstruierten damit das gesamte Skelett. Es fiel so groß aus, dass für das Museum ein Anbau nötig wurde. Ein Aufwand, der sich gelohnt hat, denn Besucher aus aller Welt kommen heute nach Plaza Huincul, um nur ihn zu sehen: den Argentinosaurus, den größten bekannten Dinosaurier der Welt, der in der Kreidezeit vor 95 bis 110 Millionen Jahren lebte. So, wie er in der Halle steht, hat er die Ausmaße eines mächtigen Propellerflugzeugs. Hals, Rumpf und Schwanz sind zusammen fast 40 Meter lang. Sein Schädel ist so groß wie ein Kleinwagen, wer zu ihm hinaufblickt, sieht lange, spitze Zähne wie aus einem Rechen herausragen. Doch erschaudern muss keiner. Der Argentinosaurus war Pflanzenfresser.

Hier werden Bodenschätze zu Zeitzeugen

Fleisch überließ er dem Dinosaurier, der als Nachbildung gleich neben ihm steht und ihm gerade mal bis zum Knie reicht: dem Giganotosaurus carolinii. Er hat den Tyrannosaurus Rex als größten bekannten Fleischfresser abgelöst. So sieht es zumindest Jorge Calvo. Denn als 1993 der größte Teil des Giganotosaurus-Skeletts (70 Prozent) gefunden wurde, da reichte es mit rund zwölf Metern Länge noch nicht ganz an den nordamerikanischen Rekordhalter heran. Doch Calvo las von der Ausgrabung und erinnerte sich an einen Unterkiefer, den er einmal ausgegraben hatte und bisher nicht zuordnen konnte. Anhand der Neuentdeckung bewies er nun, dass der von ihm gehobene Kiefer zu einem anderen Giganotosaurus gehörte, einem Exemplar, das bis zu 14 Meter maß. Doch der Giganotosaurus hat inzwischen schon wieder Konkurrenz bekommen – von einem Verwandten namens Mapusaurus rosae, dessen Relikte ebenfalls in Argentinien ausgegraben wurden.

Paläontologen sind eine Spezies für sich, ihnen geht es um Entdeckungen und Rekorde. Sie überbieten sich mit Knochenlängen, Erhaltungsgraden und Jahrmillionen. So wurde in Argentinien einer der ältesten bekannten Dinosaurier gefunden, Herrerasaurus, der vor rund 228 Millionen Jahren im Obertrias lebte. Auch einen der kleinsten Dinosaurier entdeckten Forscher hier: Mussaurus, dessen größtes bisher gefundenes Skelett nur niedliche 20 Zentimeter misst.

Doch wie solche Schätze finden? Um an der richtigen Stelle zu graben, braucht man eine gute Spürnase und einen verlässlichen Geologen. Entscheidend ist die Beschaffenheit des Bodens. Das Team des Proyecto Dino konzentriert sich momentan auf ein Loch in einem Ausgrabungsfeld, das etwa 25 mal 20 Meter misst. Darin haben die Forscher ein komplettes Ökosystem entdeckt. „Das Faszinierende daran ist, einen Moment in der Geschichte vor sich zu haben, mit allen Pflanzen und Tieren, die zeitgleich gelebt haben“, sagt Jorge Calvo. Wenn die Paläontologen mit Metallstiften in die braunen und grünlichen Schichten der Wand stechen und mit Hämmern darauf schlagen, bröseln Sedimentbrocken auf den Boden. Juan löst hier einen Zahn, dort ein Stück Holz, dort die Konturen von Blättern heraus.

Allein mehr als 600 Zähne haben sie hier in den letzten Jahren gefunden. Ihr Lager ist ein kleiner Bauwagen, voll gestopft mit versteinerten Eiern, Panzern, Wirbeln, Unter- und Oberschenkeln. Fast vollständig hoben sie einen Giganten aus versteinerten Knochen, der in der Wellblechhalle, dem Museum des Proyecto Dino, steht: der Futalognkosaurus. Um ihn zu bergen, wurden alle Fragmente zum Schutz mit Papier und Gips verschalt und erst dann ans Tageslicht geholt. Allein der Gipsblock mit der Wirbelsäule des Kolosses wog 18 Tonnen. Die Wissenschaftler brauchten einen speziellen Bagger, um das Teil aus seinem Grab zu hieven.

Eine andere Sensation konnte Juan mit bloßen Händen tragen. Mit einem Kollegen war er am Ufer des Lago Barreales unterwegs, strich mit seinen Händen über den sandigen Boden, als er plötzlich auf einen Kiefer mit Zähnen stieß. Sie klopften einen Block aus Sandstein rund um das Gebiss heraus und nahmen ihn mit. Was er vor sich hatte, dämmerte Juan erst nach einem Monat harter Feilarbeit: einen fast kompletten Dinosaurier, in gekrümmter Lage, so klein, dass er in eine Sporttasche passen würde. „Das war seit langem das kürzeste, kostengünstigste und effektivste Projekt“, sagt Juan. „Umbraraptor“ hat er seinen Fund genannt, und wenn er das kleine versteinerte Wesen ansieht, hat sein Blick etwas Abwesendes, Liebevolles. Als sei Juan gerade nicht ganz auf dieser Welt. □

Tinka Dippel, *Hamburger Autorin, streifte mit den Paläontologen tagelang durchs Sediment. Seit sie einen Dinoknochen in Händen hielt, hat sie ein ganz anderes Zeitgefühl.*

Ausführung **„Lederoptik“**
mit Goldprägung
für 24,90 Euro

GLEICH MITBESTELLEN!

Ausführung **„Acryl“**
modern und zeitlos
für 19,90 Euro

Ausführung **„Leinen“**
mit historischem
Stadtmotiv für 12,90 Euro

Ihr persönliches MERIAN-Archiv! Archivieren Sie Ihre MERIAN-Sammlung stilvoll und sicher in den exklusiven MERIAN-Sammelschubern. Jeder Schuber bietet Platz für 12 MERIAN-Ausgaben.

JETZT MERIAN BESTELLEN UND VORTEILE SICHERN!

LESER SERVICE
040/87973540

Ihre garantierten Vorteile:

- ✓ Wunschgeschenk für Sie
- ✓ ein Jahr MERIAN 15 % günstiger – statt 96,– Euro am Kiosk nur 81,50 Ero
- ✓ Lieferung 12 x im Jahr frei Haus – keine Ausgabe verpassen

FREUEN SIE SICH AUF...

FEBRUAR 2009

MÄRZ 2009

APRIL 2009

MAI 2009

JUNI 2009

JULI 2009

Ihre Bibliothek des Reisens
Bestellen Sie MERIAN jetzt und Sie erhalten mit den kommenden 12 Ausgaben die Welt von MERIAN frei Haus. Monat für Monat vervollständigt jedes Heft Ihre Bibliothek der Länder, Regionen und Städte.

MERIAN
Die Lust am Reisen

Schauplätze

Foto: P. Narayan

Die seltsame Magie des großen Wassers

CATARATAS DE IGUAZÚ

Nie hört es auf, dieses Rauschen. Das Getöse des fallenden Wassers dringt viele hundert Meter durch den Regenwald, es übertönt die Schreie der Tukane und Loros, die Stimmen von tausenden Touristen und das Kreischen der Affen. Mehr Wasser stürzt nirgends auf der Welt hinab: Bis zu 22 000 Kubikmeter in der Sekunde krachen bis zu 80 Meter in die Tiefe. Der Wind weht die Gischt durch das Tal, zwischen den 275 Fällen, die Namen tragen wie „Teufelsschlund", spannen sich Regenbögen. Die Besucher laufen im Gänsemarsch über schmale Holzstege an den Fällen vorbei und über sie hinweg. Iguazú – was in der Guaraní-Sprache „Großes Wasser" bedeutet – kann trotz seiner Vermarktung ein magischer Ort sein. Frühmorgens etwa, bevor die Touristenbusse kommen, oder abends, kurz bevor die Ranger die Stege sperren. **Wer genug Zeit mitbringt, sollte zur Isla San Martín übersetzen, zur Schlafstatt der Geier wandern und – wenn das Wasser nicht zu reißend ist – im Fluss baden.** Und am Teufelsschlund ist es sogar dann ein bisschen magisch, wenn man sich zwischen zig Anderen am Geländer drängt: Es genügt, konzentriert in die rasenden Wassermassen zu schauen, die Schmetterlinge zu zählen, die von der Gischt verschlungen werden – dann bemerkt man die Menschenmenge nicht mehr. Das Gehirn kann die schnelle, gleichförmige Bewegung des Wassers bald nicht mehr adäquat verarbeiten, man fühlt sich ein wenig schwindelig, wie berauscht. Stundenlang könnte man hinschauen, auf das immer gleiche Bild. Immer gleich und immer wieder anders – das ist das Geheimnis des großen Wassers.

>>Tipps und Touren im Infoteil S. 114

des Staunens

Manche Orte sind so atemberaubend, dass sie Menschen aus aller Welt faszinieren: Wunder der Natur, Zeugen der Kultur. Acht dieser magischen Stätten liegen in Argentinien. Die Unesco hat sie zum Erbe der Welt erklärt

TEXTE: TINKA DIPPEL, ANJA HAEGELE, KAREN NAUNDORF

Das wundersame Zentrum der Gelehrten

MANZANA DE LOS JESUITAS, CÓRDOBA

Nur hundert Schritte vom Hauptplatz in Córdoba entfernt beginnt eine Reise in die Vergangenheit: Ein einziger Häuserblock, der Manzana de los Jesuitas, beherbergt die älteste erhaltene Kirche Argentiniens, die Kapelle der Jesuitenresidenz, die erste Universität und eine faszinierende Bibliothek. 1599 ließen sich die Jesuiten hier nieder, um die Zentrale der Jesuitenprovinz Paraguay zu gründen. Die Stadt lag an der Handelsstraße zwischen Buenos Aires und Tucumán. Die Kirche La Compañía de Jesús wurde 1671 erbaut und beeindruckt durch ihre Dachkonstruktion. Die Decke hat die Form eines umgedrehten Schiffsrumpfs – das Dach aus zehn Meter langen Zedernbalken hält ohne Nägel. Architekt Padre Philippe Lemaire war Bootsbauer in Antwerpen, bevor er nach Südamerika kam. Unweit steht ein Schatz des südamerikanischen Barocks: die Jesuitenkapelle Capilla Doméstica, deren Decke mit bemalten Kuhhäuten bezogen ist. **1613 gründeten die Padres die erste Universität des Landes – im selben Block.** Gelehrt wurden Theologie, Latein, Philosophie. Als die Jesuiten 1767 des Kontinents verwiesen wurden, übernahmen die Franziskaner die Gebäude. Der Besitz wurde übers Land verstreut, so findet sich der Tabernakel der Compañía de Jesús im 150 Kilometer entfernten Tulumba. Doch das Werk der Padres lebt weiter: Bis heute wird die Universitätsstadt Córdoba „La Docta“ genannt – „die Gelehrte“.

>>Tipps und Touren im Infoteil S. 114

Die zackige Show des Eises

PERITO MORENO

Aus einem Meter Schnee entstehen in zehn Jahren nur zehn Zentimeter Gletschereis. Doch weil es auf dem südpatagonischen Eisfeld, das den Perito Moreno speist, an mehr als 300 Tagen im Jahr schneit, ist dieser einer der wenigen Gletscher der Welt, die nicht schmelzen. 1981 wurde er zur ersten Weltnaturerbe-Stätte Argentiniens erklärt. Etwa 160 Meter ragt der Eisriese unter Wasser in die Tiefe, über Wasser erreicht er 60 Meter Höhe und bewegt sich jeden Tag bis zu 20 Zentimeter vorwärts. Ein Alpengletscher benötigt für eine solche Strecke ein Jahr. Der Perito Moreno ist nicht Argentiniens größter Gletscher, aber er ist am leichtesten zugänglich.

Touristen können nach einer kurzen Einweisung mit Steigeisen über das Eisfeld laufen und das Krachen und Knacken im Eis hören. Wie ein Pistolenschuss klingt es, wenn Eis von der Gletscherzunge bricht und in den Lago Argentino stürzt. Und immer wieder lässt sich auf den Aussichtsplattformen das Phänomen beobachten, das den Gletscher berühmt machte: Das Eis wächst gegen die Landzunge, staut den Brazo Rico auf, so dass sich das Wasser einen Tunnel ins Eis gräbt. Oft erst Wochen, Monate später folgt der Höhepunkt: Die Gletscherbrücke kollabiert unter lautem Getöse und erzeugt eine meterhohe Flutwelle.

>>Tipps und Touren im Infoteil S. 117

Die farbigen Felsen in der Nähe des Himmels

QUEBRADA DE HUMAHUACA

Von Jujuy bis kurz vor Purmamarca hängt dichter Nebel über der Landschaft, doch dann reißt es auf: Die Sonne ergießt ihr gleißendes Licht über den „Sieben-Farben-Hügel", zu dessen Füßen das ockerfarbene Indiodörfchen ruht: Lachsrosa, weiß, violett, rot, grün, braun und senfgelb gestreift ist der berühmte Berg. Die älteste Gesteinsschicht (weiß) ist 400 Millionen, die jüngste (braun) nur knapp zwei Millionen Jahre alt. Verschiebungen der kontinentalen Platten, die das Auffalten der Anden bewirkten, haben das Gestein hier ordentlich durcheinandergeschüttelt, so dass die Quebrada de Humahuaca, seit 2003 Argentiniens jüngstes Unesco-Weltnaturerbe, aussieht, als hätte ein Maler seine Farbtöpfe verschüttet. Weiter hinauf, Richtung Humahuaca, 3000 Meter über dem Meeresspiegel gelegen, erinnern Zipfelmützenberge an Gaudís Sagrada Familia. Dazu graue Felsrücken, die sich wie schlafende Robben ans Gestein schmiegen. Je höher man kommt, desto weiter und grüner wird das eingangs so schroffe Tal – Trauerweiden, Pappeln und saftige Wiesen sind zu sehen. **Seit mehr als 5000 Jahren ist die Quebrada besiedelt, und obwohl die Spanier sie im 16. Jahrhundert eroberten, ist vieles der andinen Kultur erhalten:** die Häuser aus Adobe-Ziegeln und dem löchrigen Holz der Riesenkakteen sowie die Friedhöfe auf zu Trutzburgen ausgebauten Hügeln. Möglichst hoch oben wurden die Toten begraben: Ihre Seelen sollten einen möglichst kurzen Weg in den Himmel haben.

>>Tipps und Touren im Infoteil S. 113

Foto: Florian van der Fecht

Die kuriosen Skulpturen im Tal des Mondes

VALLE DE LA LUNA

Das Naturwunder heißt „Ischigualasto" – in der Quechua-Sprache bedeutet das „Erde ohne Leben". Die Wüstenlandschaft liegt 1800 Meter hoch und wurde bekannt als das „Tal des Mondes" – wohl weil Wind, Regen und Erosion diese Gegend so formten, als sei sie nicht von dieser Welt. Mit dem Wagen durchquert man den Naturpark, der alle paar hundert Meter sein Gesicht verändert. In einer riesigen Senke reihen sich vielfarbige Kegel aneinander, auf einer platten Sandwüste drängen sich medizinballgroße Steinkugeln, gelbliche Skulpturen erheben sich aus dem Sand, und in der Ferne sieht man die roten Canyons von Talampaya. Das Valle de la Luna entstand im Trias und besteht aus sieben Schichten aus diesem Erdalter. So viele auf einem Fleck sind sonst nirgends zu finden. **Die ältesten Formationen sind gelblich, schwefelhaltig und 230 Millionen Jahre alt.** Sie entstanden in einer erdbebenreichen Zone, bis zu 35 schwache Erdstöße werden hier pro Tag registriert. Der heiße Wind bläst stark und trägt Sand mit sich, der wie ein Dunst die Sicht verschleiert und wie ein Reibeisen das Werk der Erosion fortführt. Im Schnitt regnet es nur an zehn Tagen im Jahr, dann aber so heftig, dass Rinnsale zu hohen Flüssen anschwellen. Jede Menge Fossilien, versteinerte Echsen und Saurier, findet man hier – frei gelegt von Wind und Regen. Gespenstisch schön ist diese Landschaft, und angesichts von Urzeit und Naturgewalt fühlt man sich klein. Und ist erleichtert, wenn vor einer der bekanntesten Erosionsskulpturen, dem „Pilz", ein kleiner Wüstenfuchs läuft: Es gibt doch Leben auf dem Mond!

>>Tipps und Touren im Infoteil S. 112

Das tollkühne Spiel der Tiere des Ozeans

PENÍNSULA VALDÉS

In der endlosen Steppe der Halbinsel Valdés leben Guanakos und Nandus, zum Weltnaturerbe aber wurde die Gegend wegen der Tiere, die hier zu bestimmten Jahreszeiten Station machen. Die Magellanpinguine kommen von Dezember bis Februar, die See-Elefanten von September bis November und die Wale im September und Oktober. Mehrere tausend tummeln sich in den Buchten, gebären ihre Jungen und zeugen weiteren Nachwuchs. Weil es so nahe an Land jedoch kaum Nahrung gibt, müssen sie schon bald weiterziehen. Für uns Menschen ist es faszinierend, den riesigen Tieren nahezukommen. **Mit kleinen Schlauchbooten fährt man ab Puerto Pirámides hinaus, bis knapp vor der Küste die erste Walkuh ihr Kleines säugt.** Etwas weiter springen Pärchen meterhoch in die Luft und lassen die zwölf Meter langen, bis zu 30 Tonnen schweren Leiber ins Wasser klatschen. Ein Wal spielt mit den Schaulustigen, schwimmt heran, hebt fotofreundlich einen halben Meter vor dem Boot den Kopf aus dem Wasser, prustet, taucht ab, unter dem Boot durch, dreht bei, schwimmt auf der anderen Seite heran. Fast 30 Minuten dauert seine Show. Fehlt nur noch, dass er mit der Flosse winkt. Ein paar Kilometer weiter liegen Kolonien von See-Elefanten an Land, grunzend, furzend. Immer wieder fangen die kräftigen Bullen Streit an, um sich den besten Liegeplatz und größten Harem zu sichern. Die Weibchen scharen ihre Babys um sich – drei Wochen werden die Heuler gesäugt und nehmen mehr als 100 Kilogramm zu. Danach sind die abgemagerten Mütter bereit für eine neue Zeugung, bevor die ganze Kolonie wieder ins offene Meer abtaucht.

>>Tipps und Touren im Infoteil S. 117

Die Stätten des Betens und Lernens

MISIONES JESUITICAS

Es war ein hartes Leben: Aufstehen um vier Uhr mit dem ersten Hahnenschrei, Frühstück, Gebet, Arbeiten bis 12 Uhr, Mittagsmahlzeit, Siesta bis 14 Uhr, wieder Arbeit bis 18 Uhr, abends Gottesdienst, Musikunterricht. Die Jesuiten-Padres waren streng, aber gütig mit den Guaranís, die in ihren Missionen lebten. Die zuvor halbnomadisch lebenden Eingeborenen zogen gern in die christlichen Kolonien, sie bekamen Essen, eine Ausbildung und waren sicher vor den Banden portugiesischer Sklavenhändler. Etwa 130 Jahre währte die Blütezeit der Jesuitenmissionen, bis zu 12 000 Guaranís wohnten in 48 Stationen im heutigen Grenzgebiet zwischen Argentinien, Brasilien und Paraguay. Sie bauten Kirchen, verziert mit schlitzäugigen Putten und Dämonen, die aussahen wie Jaguare. Jedes Kind ging sieben Jahre zur Schule, lernte lesen, schreiben und Geschichten aus der Bibel. **Die Guaranís waren begabte Musiker und Künstler, aber auch fleißige Bauern; der Mate-Anbau machte die Padres reich und mächtig.** Zu mächtig. Darum befahl der spanische König den Jesuiten 1768, Amerika zu verlassen – die Missionen verfielen. Der Dschungel eroberte das Land zurück, riesige Würgefeigen wuchsen in und auf den Gebäuden aus roten Lehmziegeln und sprengten die Wände der Kirchen. Noch vor ein paar Jahren lagen die Missionen von Santa Ana und Loreto verlassen im Regenwald, heute werden sie als Sehenswürdigkeiten erhalten. Durch San Ignacio bummeln Touristen abends bei bunter Beleuchtung und Musik. Nicht weit liegt San Pedro, eines der wenigen Guaraní-Dörfer, die es im Land noch gibt. Vor den Hütten betteln Kinder in Lumpen, die Männer trinken mehr als sie arbeiten. Die Jesuiten hätten auch heute viel zu missionieren.

>>Tipps und Touren im Infoteil S. 114

Die rätselhaften Hände der Ureinwohner

CUEVA DE LAS MANOS

Wer die Straße in den Canyon zum Río Pinturas hinunterfährt, sieht im Sandgestein auf einmal einen schmalen, grünen Gürtel vor sich. Hierher kamen die Tehuelche, argentinische Ureinwohner, im Winter zum Jagen. Wer einer engen Treppe entlang der Canyonwand folgt, sieht heute noch genau, wo sie damals lagerten. Ihre Malereien sind – wenn man so will – frühe Graffiti. Die ersten entstanden vor rund 9 300, die letzten vor 1300 Jahren. Abstrakte Bilder von Guanakos, Jagdszenen, Spiralmuster. Und natürlich die Hände, die der größten Höhle ihren Namen gaben: Cueva de las Manos, Höhle der Hände. **Es sind insgesamt 829 Abdrücke, der Größe nach zu schließen mehrheitlich von männlichen Händen.** Nur 31 sind von rechten Händen – was vermutlich daran liegt, dass es leichter war, die linke Hand auf die Wand zu legen und mit der rechten die Farbe aufzubringen. Wahrscheinlich funktionierte die Technik so, dass die Künstler ihre Farbe durch poröse Knochen bliesen. Die Rot- und Gelbtöne, die schwarzen und weißen Pigmente gewannen sie aus den Gesteinsschichten der Gegend. Das seltene Türkis, so ist anzunehmen, kam aus dem gut 100 Kilometer entfernten Lago Posadas. Warum die Tehuelche die Wände bemalten, kann niemand mit Sicherheit sagen. Möglicherweise hatten die Hände und die Jagdszenen eine religiöse Bedeutung. Entdeckt wurde die Höhle 1941 von einem Mönch, 1999 erklärte die Unesco sie zum Weltkulturerbe. Die Gemälde, drei Epochen zuzuordnen, liegen an der Wand teils nur wenige Schritte voneinander entfernt und überlagern sich stellenweise. Den Canyon entlang gibt es noch weitere Wandgemälde, die sich jedoch auf Privatgrund befinden.

>>Tipps und Touren im Infoteil S. 116

Víctor Basterra im ehemals geheimen Lager der Militärakademie ESMA. Er ist einer der wenigen Zeugen, die überlebt haben

Der Fotograf des Horrors

Während der Militärdiktatur wurden Tausende von Menschen gefoltert und ermordet. Unter den Verschleppten war auch ein Mann, der Bilder aus dem Lager schmuggelte. Die Fotos von Víctor Basterra sind Zeugnisse des Grauens. Und bringen einige der Täter heute hinter Gitter

TEXT: KAREN NAUNDORF

Die majestätischen Säulen des Hauptgebäudes der ehemaligen Marineschule, eine gepflegte Parkanlage. Nichts weist darauf hin, dass an dieser Ausfallstraße in Buenos Aires eine der größten Folterkammern der Militärdiktatur lag. Dass hier zwischen 1976 und 1983 über 5000 Menschen gequält und wie Tiere auf dem Dachboden und im Keller gehalten wurden. Und dass die Gefangenen, die keinen Wert mehr für Militärs und Geheimdienst hatten, betäubt aus einem Flugzeug über dem Río de la Plata abgeworfen wurden. Die meisten Körper verschwanden spurlos.

Keine Leichen? Keinerlei Beweise? Das dachten die Täter. Und vielleicht hätten sie Recht behalten. Wären da nicht die Fotos von Víctor Basterra.

Sie holten Víctor morgens um halb elf. „Nicht auf den Bauch!", schrie er. Die Männer traten ihn, bis er hinfiel. Er hatte eine frische Narbe von einem Leistenbruch. „Holt mir eine Rasierklinge, ich ziehe die Fäden", befahl der Chef des Kommandos. Die Männer zogen Víctor eine Kapuze über den Kopf, hart von getrocknetem Blut. Später in den Folterkammern der Marineschule ESMA (Escuela de Mecánica de la Armada) begriff er, woher das Blut kam: „Wenn man einem Menschen Elektroschocks gibt, beißt er sich auf die Zunge."

Basterra hatte für Arbeiterrechte gekämpft, Handzettel in Fabriken verteilt. Nun lag er nackt auf einem Bettgestell aus Metall, bekam Elektroschocks an allen Körperteilen. Dann setzten sie ihm seine zwei Monate alte Tochter auf den Bauch und drohten, auch ihr Stromstöße zu verpassen. „So pressten sie Informationen aus mir heraus", sagt er.

Der kleine Mann, dessen Augen durch die Brillengläser unnatürlich groß wirken, geht langsam die Treppen zum Dachboden der ESMA hoch. Mehr als 20 Jahre nach dem Ende der Diktatur musste die Marine das Gebäude an Menschenrechtsorganisationen übergeben, die es für Führungen

Foto: Stephanie Füssenich / Urban Zintel

öffnen wollen. Mit dem Gehstock zeigt Basterra auf die ramponierten Kanten der Stufen: „Diese Spuren haben unsere Fußketten hinterlassen.“ Auf dem Dachboden ist es heiß, die Luft steht im Raum. Es gibt keine Fenster, nur zwei Luken. Wie in Zeitlupe läuft Víctor den Gang entlang, plötzlich spricht er in der Gegenwart. „Wir liegen in Holzverschlägen auf dem Boden, 75 mal 200 Zentimeter groß. Wie Särge, aber oben offen, damit die Wärter uns beobachten konnten.“ Er hält inne. „Immer die stinkende Kapuze auf dem Kopf.“

Während der Diktatur wurden etwa 30 000 Menschen ermordet. Darunter hätte auch Basterra sein können. Doch als gelernter Drucker wusste er, wie man Dokumente fälscht. So wurde er zum nützlichen Sklaven: Er fotografierte die Militärs in Zivil oder in Polizeiuniform, zur Tarnung. Dann bekamen sie eine neue Identität als Journalist oder Polizist, mit Führerschein und Personalausweis. Die Öffentlichkeit sollte möglichst wenig über die Machenschaften der „Eingreiftruppen“ wissen. Basterras Peiniger richteten eine Dunkelkammer im Keller ein.

Bald stellte er fest, dass es einen Ort gab, den die Folterer nicht durchsuchten – die Kiste mit dem lichtempfindlichen Fotopapier. Er begann, Fotos unter- und überzubelichten. Sobald er allein war, holte er die Bilder aus dem Abfall, versteckte sie. In einer Mülltüte fand er weitere Negative: Bilder der Opfer. Basterra schob die Negative in die Kiste mit dem Fotopapier. Als er nach Jahren ab und zu seine Frau besuchen durfte, begann er, die Dokumente des Schreckens hinauszuschmuggeln. Er steckte sie in die Unterwäsche.

„Wir liegen in Holzverschlägen auf dem Boden. Wie in Särgen, die stinkenden Kapuzen auf dem Kopf“

Auf diesem Dachboden wurden die *desaparecidos*, die „Verschwundenen“, versteckt. Das Gefängnis lag mitten in Buenos Aires, doch die Schreie drangen nie nach draußen

Die Architektin Graciela Estela Alberti wurde 1979 verhaftet und kam in den Sektor 4. Sie ist bis heute vermisst

Mirta Alonso Hueravilo war im sechsten Monat schwanger, als ihr Großvater 1977 starb. Sie ging zur Totenwache, stand neben dem Sarg, als zwei Autos vorfuhren. Ihr Mann sei überfallen worden und schwer verletzt, sagten die Männer, die sich als Polizisten in Zivil vorstellten. Mirta stieg ein. Keiner der Trauergäste sah sie je wieder.

Emiliano Hueravilo ist der Sohn, der in Mirtas Bauch wuchs, als sie verschleppt und in die ESMA gebracht wurde. Er hat dunkelbraune Haare, die seinen Rücken bedecken, wenn er sie nicht zu einem Zopf bindet. Hinter dem linken Ohr hat Emiliano eine kleine Narbe: „Meine Mutter markierte mich mit einer Stecknadel, um mich später wiederzufinden." Doch dazu kam es nicht, Mirta wurde in der ESMA ermordet.

Emiliano Hueravilo ist ein Ausnahmefall. Von allen 500 Kindern, die vermutlich in den Geheimgefängnissen der Diktatur geboren wurden, ist er der einzige, der mit seinem richtigen Namen aufwuchs. Seine Großmutter arbeitete als Hausangestellte bei einer Familie, die gute Kontakte zum Militärregime hatte. Sie fiel vor der Hausdame auf die Knie, bettelte, weinte. Die Frau forschte nach: „Dein Enkel lebt, und du wirst ihn sehen." Am 13. Dezember 1977 kam die Nachricht im Radio. Ein Baby war vor einer Kinderkrippe ausgesetzt worden, eingewickelt in eine Decke, darin lag ein Zettel mit seinem Namen: Emiliano Lautaro Hueravilo Alonso. Seine Großeltern holten den Kleinen sofort zu sich.

„Ich hatte großes Glück, mit meiner echten Identität aufzuwachsen", sagt Emiliano. Er schloss sich der Organisation H.I.J.O.S. an. Die Kinder der Verschwundenen fordern lebenslange Haft für die Mörder, und sie haben erste Erfolge. Die Regierung Kirchner schaffte 2005 das „Schlusspunktgesetz" ab, das den Folterern Straflosigkeit zugesichert hatte. „Víctors Bilder sind unglaublich wertvoll", sagt Emiliano. „Andere Überlebende können die Täter nur beschreiben."

Víctor Basterra selbst sagt: „Wenn ich heute junge Leute sehe, die damals in der ESMA geboren wurden, habe ich das Gefühl, sie beschützen zu müssen." Dabei braucht er selbst Schutz. Er ist einer der Hauptbelastungszeugen in den Prozessen gegen die Täter. Eine heikle Rolle. Auch 25 Jahre nach dem Ende der Diktatur funktionieren die alten Netzwerke. Mehrfach wurden Zeugen eingeschüchtert, einer tauchte nie wieder auf.

„Wer soll die Zeugen auch beschützen?", sagt Emiliano. „Polizei? Militär? Die waren am Staatsterror beteiligt." In der Provinz Buenos Aires seien 9000 Polizisten, die am systematischen Verschleppen von Menschen mitwirkten, nach wie vor im Dienst, hat H.I.J.O.S. recherchiert.

Víctor und Justo sahen sich nur in den Ferien. Die Brüder gingen auf unterschiedliche Internate, Schulen für Bedürftige. „Wir waren noch auf der Grundschule, als wir in unsere erste Demonstration gerieten", sagt Justo heute. „Für mich war es ein

Fotos der Opfer, unter Lebensgefahr aus dem ESMA-Gebäude geschmuggelt. Im August 1979 verschwand Fernando Ruben Brodsky (links oben), er war 22 Jahre alt. Im selben Jahr kam auch Ida Adad (links unten) in Haft, die Rentnerin war in einer Textilarbeiter-Gewerkschaft aktiv. Weil er in der Gruppierung „Revolutionäre Arbeiter" war, wurde der Metallarbeiter Juan Carlos José de Chiaravalle inhaftiert (unten Mitte). Zusammen mit ihrem Mann landete auch María Elsa Martínez Guerreiro de Villaflor im ESMA-Kerker. Die Leichen aller genannten Personen wurden nie gefunden

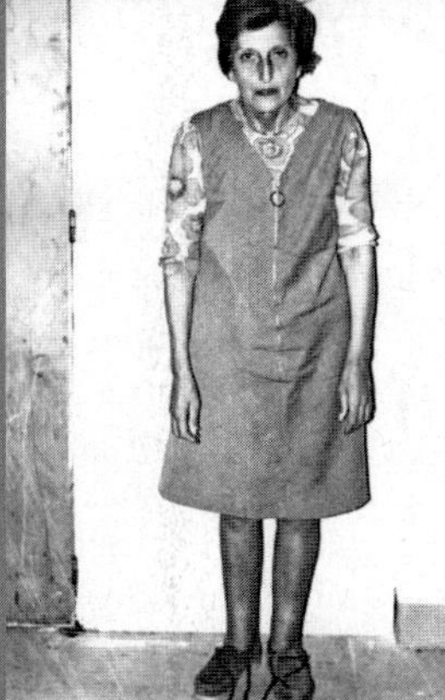

Die Köpfe der ehemaligen Militär-Junta: neben General Jorge Rafael Videla (M.) die Kommandeure der Marine und Luftwaffe

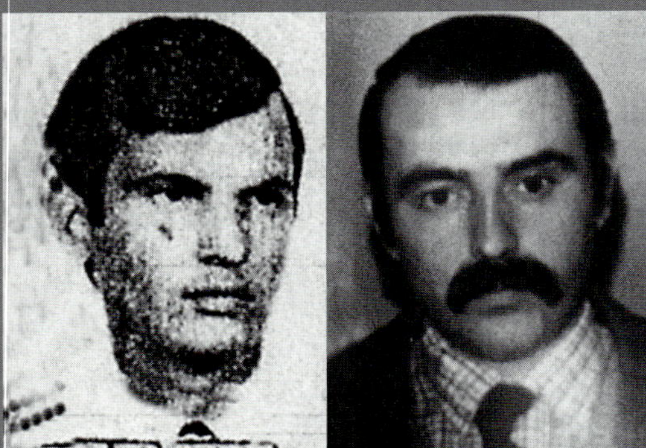

Täter: Miguel Angel Cavallo (links), einer der Folterer. Fernando Enrique Peyón, Kommandochef, entführte auch Basterra

Zum Jahrestag des Militärputsches versammeln sich Aktivisten vor dem einstigen ESMA-Gebäude. Noch immer halten sie Schilder mit Bildern der „Verschwundenen" hoch

Abenteuer, für Víctor war es mehr." Wie Víctor hat auch Justo eine glasklare Aussprache, verschluckt nicht ein „s". „Unsere Mutter wollte, dass wir reden wie gebildete Leute."

Justo und Víctor sahen sich ähnlich, sie waren ein Team. Wenn Justo beim Fußball schlapp machte, trat der zwei Jahre jüngere Víctor in der zweiten Halbzeit an. Wenn Justo ein gebügeltes Hemd brauchte, holte er sich eins von Víctor. Bis sie von zu Hause auszogen. Justo malte Werbeplakate, Víctor arbeitete in einer Druckerei und schloss sich einer Gewerkschaft an. „Ich machte mir Sorgen. Víctor hatte das Profil derer, die auf der Abschussliste standen", sagt Justo. „Als er 1979 verschwand, hieß es: Wenn wir keine Vermisstenanzeige erstatten, würde ihm nichts passieren." Sie holten Víctor im August, im November durfte er die Familie anrufen. Es war ein Lebenszeichen, immerhin. „Er sagte, ihm ginge es gut, mehr nicht." Dann folgten Jahre der Sorge, der Verzweiflung. „Die meisten Cousins, Onkel und Tanten nahmen Abstand von uns." Justo macht eine Pause. „Wir sehen uns bis heute nicht. Außer bei Beerdigungen."

„Ich machte mir Sorgen. Víctor hatte das Profil derer, die auf der Abschussliste standen"

Justo ist wenige Zentimeter größer als Víctor, seine Brille kleiner und runder. „Als Víctor gegen Ende der Diktatur Ausgang bekam, schmuggelte er die Bilder aus der ESMA. Ich nahm sie mit zu mir." Justo wickelte die Fotos in Plastiktüten und versteckte sie in Hohlräumen in der Wand, hinter losen Backsteinen. Ob er Angst hatte? „Einmal, da lagen die Bilder auf dem Küchentisch. Plötzlich fuhr ein Ford Falcón vor. Der Soldat, der uns regelmäßig kontrollierte, stieg aus. Hätte meine Frau nicht blitzschnell reagiert, wir wären aufgeflogen."

Bilder der *desaparecidos*, der Verschwundenen, gibt es sonst nur aus der Zeit, bevor sie entführt wurden. Sie lachen. Machen Strandurlaub mit der Familie. Feiern Geburtstage. Die nächsten Bilder, die es von ihnen gibt, sind Fotos von namenlosen Knochen oder gerade identifizierten Skeletten. Die Bilder, die Basterra aus der ESMA schmuggelte, sind die einzigen, die die Verschwundenen während der Haft zeigen.

Auch die Fotos der Täter, die Basterra sammeln konnte, sind einzigartig. Von den Schuldigen wusste oft niemand die richtigen Namen. Basterras Bilder aber zeigen ihre Gesichter. Das von Fernando Enrique Peyón, der Víctor seine kleine Tochter bei der Folter auf den Bauch legte. Das Gesicht von Beto Naya, der regelmäßig im Labor auf ihn einprügelte. Jenes von Julio César Binotti, der vor der Freilassung drohte, ihn umzubringen, sollte er plaudern. Und das Gesicht von Alfredo Astiz, genannt „Engel des Todes". Astiz war an der Ermordung von zwei französischen Nonnen und einer 17-jährigen Schwedin beteiligt. „Für mich ist Víctor ein Held", sagt Justo.

Ricardo Miguel Cavallo war ein angesehener Geschäftsmann. Im Jahr 2000 leitet er die Fahrzeugregistrierungsstelle RENAVE in Mexiko City. Bis herauskommt, dass er Miguel Angel Cavallo sein soll – einer der Folterer der ESMA. Cavallo beteuert, ein anderer zu sein, Beweise wolle er in Argentinien besorgen. Wohlwissend, dass dort das Schlusspunktgesetz Diktaturverbrechern Straffreiheit verspricht, reist er nach Buenos Aires. Doch beim Umsteigen in Cancún wird er verhaftet, hier gilt das Gesetz nicht. Ein Polizeigutachter hatte Fotos mit einem Bild verglichen, das aus der ESMA stammte. Ein Bild aus dem Jahr 1971, ein Bild aus der Sammlung von Víctor Basterra. Es gibt keinen Zweifel: Ricardo Miguel und Miguel Angel sind dieselbe Person. Cavallo ist inzwischen in Argentinien angekommen. Er sitzt im Gefängnis und wartet auf sein Verfahren. Die Anklage lautet auf Völkermord, organisierten Terrorismus und Mord.

Víctor Basterra wird einer der wichtigsten Zeugen sein. Hat er keine Angst? „Ich kann nicht schweigen. Es geht um meine toten Compañeros." □

Karen Naundorf *traf Basterra mehrfach in der ESMA und in Cafés in Buenos Aires. Ihr fiel auf, dass er sich nie mit dem Rücken zur Tür setzte. Eine Vorsichtsmaßnahme. Ein Zeuge sei seit 2006 verschwunden. Oft erinnert ihn Musik an die Folterer. Sie hörten meist Radio. Abba oder Songs wie „Gloria".*

Das Beben in der

Foto: Daniel Garcia

Pralinenschachtel

Jede Woche wird die „Bombonera“, das berühmte Fußballstadion der Boca Juniors, zum Hexenkessel. Wenn jedoch der Erzrivale zu Gast ist, bricht die Hölle los

TEXT: PETER BURGHARDT

Festhalten! Kurz vor dem *superclásico*, dem Derby gegen River Plate, beginnt das Stadion zu brodeln. Die Fans gehen die Zäune hoch

Der Unantastbare: Diego Maradona wird in La Boca wie ein Gott verehrt. Taucht er in „seinem“ Stadion auf, sind die Fan-Gesänge meilenweit zu hören

Das Beben beginnt an einem Sonntag um kurz nach drei, das Epizentrum liegt wie immer im Bereich der Nordtribüne. Bald vibriert das ganze Stadion „Alberto Jacinto Armando“, genannt *la bombonera,* „die Pralinenschachtel“. Es wird oft geschrieben, dass ein Fußballstadion bebt. Meist ist dies eine Metapher, um die gute Stimmung zu beschreiben. In Buenos Aires, Stadtteil La Boca, ist das Beben wörtlich zu nehmen.

Eine Menschenmasse in Gelb und Blau versetzt das Stadion in rhythmische Schwingung, man kann nur hoffen, dass der Stahlbeton aus den vierziger Jahren auch diesmal hält. „Ich folge dir überall hin, ich liebe dich jeden Tag mehr“, singen die hüpfenden Fans des berühmtesten Fußballclubs Argentiniens. Gleich wird das wichtigste Spiel der Nation angepfiffen. Boca Juniors gegen River Plate, der *superclásico,* das Match, das die ganze Nation in den Ausnahmezustand versetzt. Für die englische Zeitung *The Observer* ist es das bedeutendste von 50 Ereignissen, die ein Sportfreund einmal im Leben erlebt haben muss. Für die Hausherren ist es eine Schlacht, die nur einen Sieger kennen darf.

Vor den Toren hat die Polizei 253 Randalierer verhaftet, es gab bei diesem Duell auch schon Tote. Am Río de la Plata gibt es keine größere Kluft als die zwischen Bocas Gelbblau und Rivers Rotweiß. Als 1994 zwei River-Sympathisanten nach einem 0:2 gegen den Erzrivalen ermordet wurden, sagte ein Boca-Hooligan: „Wir haben ausgeglichen.“ „La Doce“ heißt der harte Kern krimineller Fans, ihr früherer Anführer sitzt derzeit im Gefängnis. „Die Zwölf“ handelt mit Trikots und Tickets, sie ist mächtig und gefürchtet. Im Stadion aber wollen die Fans vor allem lauter und origineller sein als ihre Feinde von gegenüber, die River-Gang „Borrachos del Tablón“, die Besoffenen von der Theke. Mehrere Kameras zeigen während der kommenden 90 Minuten nur die Ränge. Auch für die meisten Urlauber mit ihren überteuerten Karten zu Schwarzmarktpreisen von bis zu 500 Dollar ist das Spektakel der Anhänger die Attraktion.

57 395 Zuschauer, ausverkauft. Im Boca-Getümmel spielt ohne Pause eine Kapelle, die Paukenschläge fahren durch Mark und Bein. Rauchschwaden von Feuerwerkskörpern und der Geruch von Gegrilltem schwängern die Luft. Klopapierrollen und Papierschnipsel segeln auf den Rasen, spätestens seit der WM 1978 ein Ritual. Dann, noch immer hat kein Spieler das Feld betreten, spannt „La Doce“ seine Banner über den gesamten Block hinter dem Tor. „Nos pueden imitar, pero igualarnos jamás“, steht darauf. „Ihr könnt uns nachmachen, aber ihr werdet uns nie erreichen.“ Natürlich ist der Stoff gelb-blau.

Der „Club Atletico Boca Juniors“ wurde 1905 im Armenviertel La Boca von fünf jungen italienischen Einwanderern gegründet, daher der Beiname „Xeneizes“, Genueser. Heute ist er einer der erfolgreichsten, umschwärmtesten und selbstbewusstesten Vereine der Welt. Nur wenige Clubs horten so viele Trophäen.

Jetzt hat Cacho Laudonio seinen Auftritt. Oscar Laudonio, genannt Cacho, schwenkt seine Fahne am Mittelkreis und begrüßt die auflaufenden Boca-Profis. Glatzkopf Laudonio, Jahrgang 1936, hat die untersetzte Figur eines Boxers, früher schlug er im Ring, einmal erwischte es auch einen gegnerischen Spieler. Jetzt ist er Zeugwart, Animateur, Maskottchen. Als Boca Juniors 2003 in Japan zum dritten Mal den Weltpokal gewann, machte Cacho aus der Hymne der Peronisten-Partei eine Sambaversion und dichtete den Text für Boca um. „Ich bin ein Star“, findet er. Bescheidenheit ist hier selten.

Cacho Laudonio spielt eine Hauptrolle in einem Boca-Dokumentarfilm der jungen Regisseurin Djalma Maradona, von deren Vater gleich die Rede sein wird. „Mein Leben ist Boca“, sagt Cacho. Und wenn er einst sterben

Im Viertel La Boca kicken die Kids an fast jeder Ecke. Ihr Club ist das Symbol für die große argentinische Fußball-Leidenschaft

muss, dann wird Cacho Laudonio auf dem Friedhof Parque Iraola, bei Kilometer 33 der Autobahn Buenos Aires – La Plata, begraben. Dort gibt es seit 2006 ein Areal für die Glaubensgemeinschaft Boca Juniors. „Jetzt habt auch ihr einen Platz hier und im Himmel", sprach zur Einweihung der Geistliche und Boca-Getreue José Luis Monzón. „Es ist eine Ehre, im Namen von Boca eine Parzelle für Spieler, Fans und Funktionäre zu haben, auf der wir eines Tages ruhen werden."

Mittelfeldspieler Sebastián Battaglia köpfelt das 1:0 für Boca, es ist die 15. Minute. „Es para vos, la puta que te parió", skandiert das Boca-Volk, in Ekstase. „Das ist für euch, die Hure, die euch geboren hat." Gemeint ist natürlich River. Die Pralinenschachtel erzittert. Es gibt nichts Schöneres für Boca, als River zu schlagen. Denn River Plate, einst ebenfalls im Problemviertel La Boca gegründet, zog in den reichen Norden. *Millionarios* werden River-Spieler geschimpft, Millionäre. Und *gallinas,* feige Hühner. River zu besiegen, das sei „wie mit Julia Roberts ins Bett zu gehen". Hat ER gesagt. Diego Armando Maradona.

Maradona war einst der beste Fußballer der Welt, er ist der Hohepriester der Boca-Religion. Als Bronzefigur steht die Ikone lebensgroß im Museo de la Pasión Boquense in der *bombonera,* einem der meistbesuchten Museen Argentiniens. Aufgestellt wurde die Statue von der Maradona-Kirche, gegründet in der Stadt Rosario. Diego ist ihr Gott, das spanische Wort Dios schreiben die Jünger „D10S", die 10 steht für seine Rückennummer. Weihnachten begehen sie zu Maradonas Geburtstag, dem 30. Oktober, Ostern am 22. Juni, als ihr Heiland bei der WM 1986 halb England ausdribbelte und das 2:0 schoss. Das 1:0 hatte er mit der Hand erzielt, „der Hand Gottes", wie er später erläuterte. Beide Treffer gelten bis heute als Rache für Argentiniens Schmach im Krieg um die Falkland-Inseln.

Ohne Ball wankte der Messias durch Fettsucht, Drogenwahn und Alkoholexzesse. Dreimal wäre er fast gestorben, dreimal folgte eine Art Wiedergeburt. Seine letzte im Herbst 2008, als er zum Nationaltrainer Argentiniens ernannt wurde. Oft ist er noch heute im Boca-Stadion, ein lang gezogenes „Maradooo, Maradooo" hallt dann durchs Stadion. „Mein Herz, oder was davon übrig ist, gehört Boca", sagt das Idol. Maradona war auch der erste Käufer, als der Clubpräsident Mauricio Macri 1996 für vier Millionen Pesos 32 VIP-Balkone versteigern ließ. Maradona bezahlte 305 000 Dollar für seine göttliche Loge. Macri, Sohn eines Multimillionärs, machte Boca Juniors zum Wirtschaftsunternehmen und sich selbst bekannt – der Ruhm des Clubs katapultierte ihn bis in die Politik. Er wurde 2007 Bürgermeister von Buenos Aires und will Staatschef werden.

Macri tätigte bei Boca seltsame Transfergeschäfte. Auch wollte er die Häuser hinter der Arena schleifen, um die *bombonera* größer zu machen: Beim Umbau wurden an einer Geraden schließlich mehrere Balkone an die senkrechten Hauswände gesetzt. Die Tribünen sind ungewöhnlich steil und die ersten Sitzreihen weniger als zwei Meter vom Spielfeld entfernt. Diese Enge wirkt wie ein Verstärker für die Gesänge, die über mehrere Kilometer hinweg im Stadtviertel zu hören sind. Die Gastgeber treibt das an – Gegner schüchtert die Akustik der Pralinenschachtel ein. Im Boca-Museum gibt es ein 360-Grad-Kino, in dem sich Besucher wie Spieler fühlen sollen.

Im echten Match verstolpert Martin Palermo jetzt den Ball und vergibt die Chance zum 2:0. Der lange Stürmer ist nicht sehr geschickt, dennoch der zweitbeste Torschütze der Clubgeschichte. Einmal, an einem sonnigen Trainingstag, trat er geduscht und parfümiert

Raketen, Fahnen und Klopapierrollen gehen vor Spielbeginn auf dem Rasen nieder, das Getöse der Fans erreicht die Lautstärke eines Hardrockkonzerts

aus der Kabine in die Schar der wartenden Reporter, fixierte mit seinen blauen Augen einen der Journalisten und sagte: „Für Boca zu spielen, ist unvergleichlich. Ununterbrochen schreien die Leute, die holen mehr aus dir raus, als du hast. Ich kann das nicht erklären, du musst mit dem Trikot in der *bombonera* stehen, um das zu verstehen." Palermo war in Spanien, wo viel besser bezahlt wird. Aber er kam zurück.

Einem Nachwuchsspieler werden bei solchen Sätzen die Augen feucht. Luis Ibañez hat erst zweimal für Boca Juniors gespielt. Jetzt wechselt er zu Dinamo Zagreb, für zwei Millionen Dollar. Er war noch nie in Kroatien. „Sie haben mich gekauft", sagt Ibañez, ein kleiner Mann mit Lippenpiercing, Tätowierung und Ohrring. Seit er zehn Jahre alt war, kam er jeden Tag mit dem Vorortzug aus Moreno nach La Boca, Talentfahnder hatten ihn entdeckt. „Boca ist meine Heimat", sagt er, „aber ich muss an meine Familie denken und Geld verdienen."

Schlusspfiff. Boca siegt 1:0. „Ein andermal, ihr Hühner, ein andermal", spotten die Fans, gemeint sind River Plate und Gefolge. Die Touristen werden abgeholt, andere Zuschauer gehen nach Hause oder in die Kneipen. „La Doce" singt weiter. „Es un sentimiento, no puedo parar" – „es ist ein Gefühl, ich kann nicht aufhören." Die Boca-Combo trommelt und trompetet. Es dauert, bis die Schachtel zur Ruhe kommt. □

MERIAN | TIPP

Boca Juniors live sehen
Karten für Heimspiele der Boca Juniors sind über die Stadionkassen nur schwer zu kriegen. Am besten fragt man im Hotel, der Portier kann in der Regel Tickets organisieren. Eine Alternative ist der teure und unsichere Schwarzmarkt vor dem Stadion – Vorsicht vor gefälschten Eintrittskarten. Stehplätze in den Fankurven sind nur für erprobte Schlachtenbummler geeignet, für andere empfiehlt sich eher ein Sitzplatz.

Blendend schön: Der leuchtend türkisfarbene Lago Argentino ist dreimal so groß wie der Bodensee und wird von mehreren Gletschern gespeist. Im Westen erheben sich die Anden hinter seinen Ufern

Foto: Florian von der Fecht

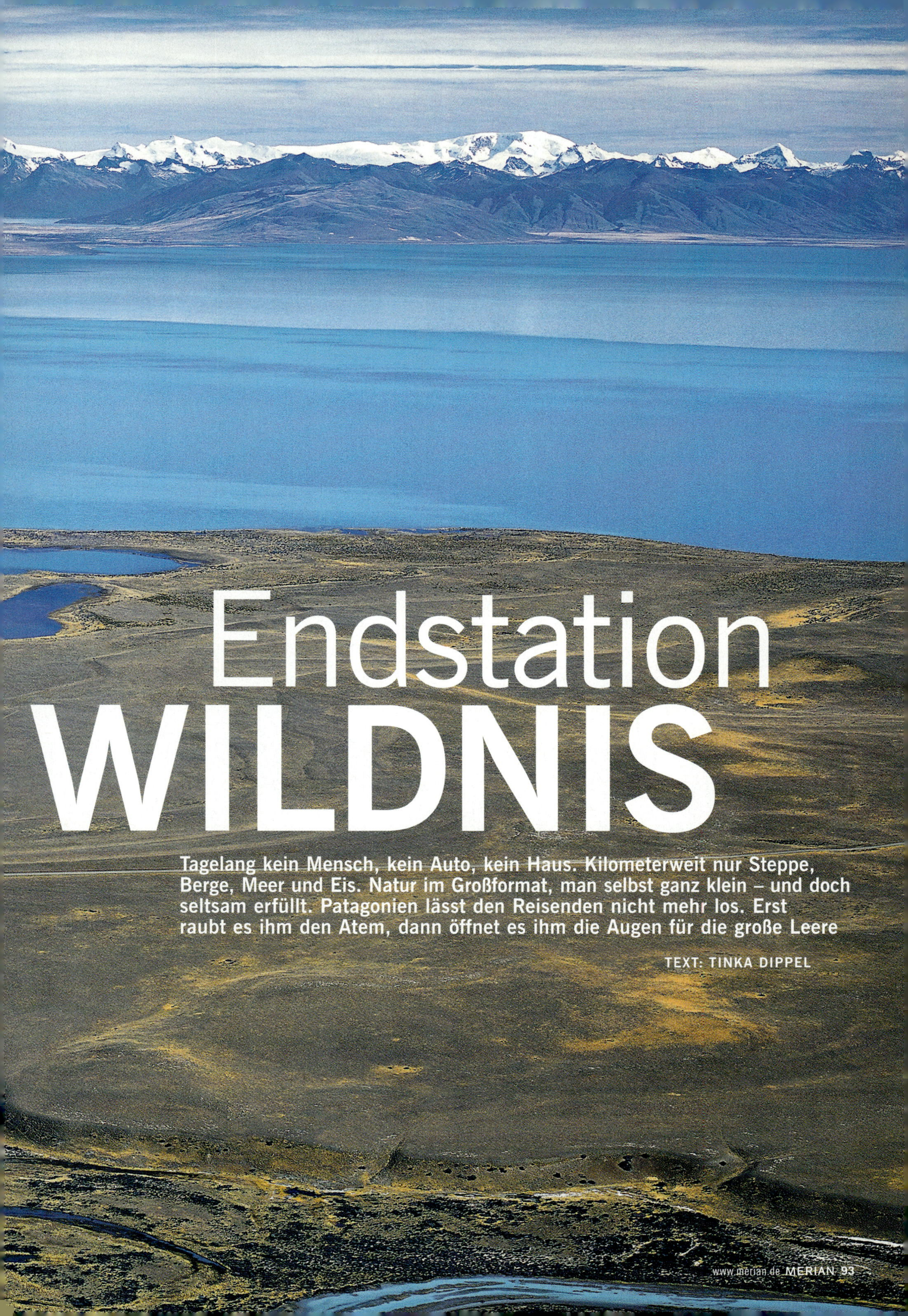

Endstation WILDNIS

Tagelang kein Mensch, kein Auto, kein Haus. Kilometerweit nur Steppe, Berge, Meer und Eis. Natur im Großformat, man selbst ganz klein – und doch seltsam erfüllt. Patagonien lässt den Reisenden nicht mehr los. Erst raubt es ihm den Atem, dann öffnet es ihm die Augen für die große Leere

TEXT: TINKA DIPPEL

Buntes Steppengras wächst an den Hängen, dahinter ragen die kargen Granitgipfel des 3406 Meter hohen Fitz Roy empor. Der Berg liegt im Nationalpark Los Glaciares an der Grenze zu Chile

Foto: Ralf Gantzhorn

STILLES TREIBEN – wenn die große
Weite zum Greifen nahe liegt

Foto: Aris Mihich

Auf einer Hochebene der Provinz Río Negro treiben zwei Rancharbeiter die Schafherde zusammen. Die Tiere müssen weiterziehen, um in dem trockenen Land genug Gras zum Fressen zu finden

EISIGE SCHÖNHEIT – wo gefrorenes
Wasser die Herzen erwärmt

Die Natur spielt mit Farben und Formen. Der blauweiße und zerklüftete Perito-Moreno-Gletscher schiebt sich direkt an die Kante der grünen, knorrigen Wälder

Foto: Ralf Gantzhorn

Autorin Tinka Dippel unterwegs auf dem Lago Argentino, gut gewappnet gegen den stets stark wehenden Wind

HARTE TOUREN – Reisende queren Gletscher, Seen und Steppe

Beim Begehen des Viedma-Gletschers tragen die Kletterer Steigeisen und marschieren mitten durch eisige Krater

Die Büschel aus Steppengras sehen im ersten Tageslicht aus wie tausende rot schimmernde Igel. Im Rückspiegel brennt der Himmel, vor uns hebt sich die Landschaft. Wir kommen zurück zum Rückgrat Südamerikas, an die Anden. Vor zehn Tagen hatten wir sie verlassen – auf dem Weg ins Nichts. Mit jedem Höhenmeter kehrt nun das Grün zurück, wir haben es lange nicht mehr gesehen. Schön ist es hier, und doch haben wir unsere Rückkehr in die Berge hinausgezögert, wollten ein bisschen die Verlorenheit bewahren, die uns über mehr als 4000 Kilometer getragen hatte.

Zehn Tage zuvor hat der Fahrtwind gerade den ersten Staub auf unseren weißen Ford geblasen. Gerade haben wir uns damit abgefunden, dass der Wind uns die Autotür aus der Hand schlägt, wenn wir sie einen Spalt weit öffnen. Wir haben es aufgegeben, so langsam zu fahren, dass die Räder keine dicken Steine gegen den Wagen schleudern. Gerade sind wir, von El Calafate im Süden kommend, im Ort El Chaltén, am Fuße des Berges Fitz Roy angelangt – als das Auto plötzlich keinen Mucks mehr von sich gibt.

Unser Autovermieter, mehr als 1000 Kilometer weiter nördlich in Bariloche, ist sich sicher, dass es am Schlüssel liegt. Er schicke uns den Ersatzschlüssel mit dem Nachtbus, sagt er am Telefon. Der Schlüssel komme in 30 Stunden bei uns an. Wo wir denn als nächstes hinwollen?

Ich zähle es ihm auf: immer nach Norden, auf der Ruta 40 quer durch Patagonien, an die Küste, am Atlantik weiter nach Norden und noch einmal durchs Land. „Aber da ist doch nichts“, sagt er und kann nicht fassen, dass dies unsere Reiseroute sein soll. Er betet mir Alternativen runter, sie führen alle über bessere Straßen, er meint es bestimmt gut mit uns und mit seinem Auto. Aber unser Entschluss steht fest. Die großen Literaten, die Patagonien bereist haben, sind schließlich auch nicht dem Asphalt gefolgt – sondern den Geschichten, die ihren Weg säumen sollten.

„Ich wusste, es war die menschenleerste Gegend Amerikas und eine der unbekanntesten dazu – infolgedessen ein Treibhaus von Legenden, Halbwahrheiten und Fehlinformationen“

PAUL THEROUX

Es ist spät abends, wir sitzen in einer Cervecería in El Chaltén vor hausgebrautem Bier, unsere Lider werden schwer, die Beine sind es schon. Die Zeit, seit der Schlüssel unterwegs ist, war wanderintensiv. Wir sind aufgestiegen zur Laguna de los Tres, wo man den Zacken des Fitz Roy ganz nah ist, wo der Wind alle Geräusche wegpeitscht, wo mitten in einer Steinwüste ein See von knalligem Türkis liegt. Wir sind mit Steigeisen an den Füßen über den Viedma-Gletscher marschiert, es ist einer der größten Gletscher des Landes. Hinein in eines der Täler zwischen zwei Gletscherwänden, durch einen schwimmbadblauen Tunnel und dann fast senkrecht die massive Eiswand hoch – mit Hilfe zweier Spitzhacken und den Krallen der Steigeisen. Und immer an der sicheren Leine von Bergführer Freddy Schulz, der jetzt beim Bier neben uns sitzt.

Er hat lange schwarze Locken und die dunkle Haut seiner Großmutter, einer Mapuche-Indianerin. Herr Schulz aus Deutschland war sein Großvater. Freddy kam vor 14 Jahren nach El Chaltén, als es dort noch kein Telefon gab, keine Bäckerei, keine Restaurants, keine großen Hotels, als nur 60 Menschen hier lebten. Heute sind es 700. Das wird uns bald sehr viel erscheinen.

Es lag nicht am Schlüssel. Wir finden einen Mechaniker, der die Motorhaube öffnet, den Anlasser freilegt und zweimal mit einem dicken Stein darauf schlägt. Das war's, der Motor läuft. Es lag am Staub, der die Kontakte blockierte. Wir fahren weiter. Hinter uns schrumpft das Fitz-Roy-Massiv, dann endet der Asphalt, und jetzt schlägt uns der patagonische Staub erst richtig entgegen. Die Steine klopfen jetzt erst wirklich laut gegen den Boden. Es wird schwer, die Lenkung nicht dem Wind zu überlassen und uns auf der Straße zu halten, nur eine Piste im Sand. Links und rechts nicht abreißende Ketten von *mesetas,* jenen von der Erosion geschliffenen Hügeln, die geringelt sind wie Schichttorten. Jede Schicht eine Ära.

Die Steppe um uns herum ist ein Streuselkuchen aus trockenen Grasbüscheln, jeder Halm hart und spitz wie eine Nadel. Wenn einer der grauen Streusel sich erhebt und auf Stelzen über die Straße läuft, dann ist er ein Nandu. Wenn kleine braune Steine von der Straße auffliegen, sind es Vögel. Braune Tupfer in der Steppe sind Guanakos, eine Mischung aus Lama und Kamel. Weiße Tupfer sind Schafe. Sie sind der Grund dafür, dass wir oft bremsen. Wilde Pferde sind der Grund, dass wir hupen, weil sie sonst keine Anstalten machen, die Straße zu räumen. Autos begegnen wir selten. Es gibt keine Stromleitungen, kaum etwas, das als Zaun erkennbar wäre.

Stundenlang fahren wir durch ein Land, das keinen erkennbaren Nutzen hat. Wem gehört es? Wer bewirtschaftet es? Kann man es überhaupt bewirtschaften? Man hat uns erzählt, dass die Größe einer *estancia* hier nicht nur in Hektar bemessen wird, sondern auch in der Anzahl des Viehs. Denn viele Hektar sind wertlos, wenn sie nur wenig Vieh ernähren können. Die *estancias* sind kleine Häufchen Zivilisation in der Ödnis, genau wie die Baustellen und Tankstellen. Tres Lagos ist so eine, wer hier nicht tankt, der wird liegen bleiben. Die nächste Tankstelle in Bajo Caracoles ist 400 Kilometer entfernt.

„Die Straße begann und endete in einer gräulichen Fata Morgana. Kaum sah ich ein Staubphantom hinter mir, glaubte ich, es sei ein Lastwagen, obwohl ich wusste, dass ich jetzt nicht mehr mit einem Lastwagen rechnen konnte“

BRUCE CHATWIN

1 Immer wieder laufen Pferde auf den einsamen Schotterpisten **2** So groß das Land, so klein die Kirchen, wie hier in Los Altares **3** Still und glasklar ist das Wasser dieses Sees im Nationalpark von Los Alerces, der teils nur Forschern zugänglich ist **4** José ist der Wirt des einzigen Lokals von Los Altares **5** Die bunten Felsen im Bosque Petrificado gehören zu einem versteinerten Wald **6** Der einstige Kaufmannsladen von Bahía Bustamante, heute ein Restaurant **7** Matias Soriano züchtet Schafe und vermietet Wohnungen **8** Einsame Schilder als Symbole der großen Weite

Manchmal verschwimmt im dämmrigen Abendlicht der Straßenrand mit der Steppe. Und dann kommt der Moment, in dem wir uns fühlen wie aus der Welt gefallen. Wir fahren und fahren. Wenn ein Schild dasteht, dann kündigt es eine Kurve oder Erhebung an – aber keinen der Orte, die auf unserer Karte stehen. War da eine Abzweigung? Unwahrscheinlich. Können wir dort, wo es kaum Straßen gibt, falsch gefahren sein? Zur Orientierung gibt es nichts – außer die Anden, die in der Ferne als weiße Kette über die Steppe ragen. Aber irgendwann ist er doch auf einmal da, der weiße Pfeil mit roter Krakelschrift: Perito Moreno. Die Straße schwenkt von den Bergen ab, wir sind richtig.

Und dann kommt der Moment, der mir fast den Atem nimmt. Kein Feuerwerk schafft, was Wolken und Abendsonne da am Himmel veranstalten. Er steht in Flammen. Wülste, Wirbel und kleine Tupfer malen ein Bild in Orange, Rot und Lila. Fast eine Stunde bewegen sie sich über das Blau, dann erlöschen die Flammen mit der Dunkelheit.

„In jenen einsamen Tagen geschah es selten, dass mir überhaupt ein Gedanke durch den Kopf ging; noch seltener kreuzten tierische Erscheinungsformen mein Blickfeld oder bestürmten Vogelstimmen mein Ohr“

WILLIAM HENRY HUDSON

Es ist Nacht, als wir die Schotterstraße der Estancia Telken hochfahren, die in der Nähe des Städtchens Perito Moreno liegt. Wir werden erwartet, man trägt unsere Taschen ins Haus und schiebt uns durch eine Tür. Nach Tagen der Stille und Einsamkeit schlägt uns aus einem hell erleuchteten Esszimmer ein Stimmengewirr entgegen. Petty und Coco, Hausdame und Hausherr, sitzen am Kopfende. Um den großen Tisch eine englische Familie, ein Ehepaar aus Buenos Aires, eine junge Ärztin aus Holland sowie Douglas und Stephanie aus Kalifornien. Sie sind mit einem Wohnmobil drei Jahre lang auf Weltreise, wie sie erzählen, dann steht der erste kunstvoll dekorierte Teller vor uns. Es wird ein langer Abend.

Gar so einsam ist die Ruta 40 nicht, wird uns klar. Sie alle sind hier unterwegs. Alle haben in Tres Lagos und Bajo Caracoles getankt, alle haben die gleichen Kurven und Buckel mitgenommen wie wir. Auf eine Art ist das beruhigend. Andererseits bin ich froh, dass wir ihnen erst jetzt begegnen.

Es sind Oasen wie diese *estancia*, die das Gefühl der Verlorenheit im Nichts auffangen. Aber es gibt nicht viele solcher Anlaufstationen, und man muss wissen, wo sie sind.

Die Bahía Bustamante liegt von hier aus gut 400 Kilometer weiter östlich an der Atlantikküste. Am nächsten Morgen fahren wir los, wir brauchen zwei Tage. Das Meer an der Bahía ist ein geriffelter blauer Teppich mit braunen Rändern aus Algen, gesäumt von einem Strand aus Muscheln und einer Reihe aus schlichten weißen Häuschen. „Als ich ein Junge war, lebten darin noch die Arbeiter“, erzählt Matias Soriano. Wir laufen mit ihm durch den Ort, dessen Wege nach Algensorten benannt sind. Matias ist 38, trägt derbe Hosen, Turnschuhe, einen Bart und verstrubbeltes Haar. Sein Großvater hat den Ort aufgebaut.

Lorenzo Soriano, Immigrant aus Spanien, war in den fünfziger Jahren in die Bucht gekommen. Wegen des modrigen Geruchs war sie als *bahía podrida,* als „faulige Bucht“, bekannt. Wo Moder ist, da sind Algen, dachte Soriano. Er hatte sein Glück zuvor schon als Assistent eines Zauberers versucht, Boxkämpfe veranstaltet und Rasierklingen importiert. Mit den Algen wurde er reich, er gewann aus ihnen das Geliermittel Agar-Agar, Grundstoff für Haarpomade, damals sehr in Mode. Die Mode ging, der Reichtum blieb, Agar-Agar ist auch ein Grundstoff für Lebensmittel und Kosmetika. Es ist eine dieser typischen Pioniergeschichten Patagoniens.

Die alte Kirche, die verfallene Schule, der Spielplatz – alles steht noch da. Matias lebt hier heute mit 20 Mitarbeitern, früher waren es 500. Er züchtet 20 000 Schafe auf dem Land dreier *estancias,* baut weiter Algen ab und zeigt Reisenden seine kleine heile Welt. Die Häuser am Meer hat er zu Ferienwohnungen umgebaut, schlicht und edel eingerichtet. Zum Essen gehen wir in den ehemaligen Kaufmannsladen, heute das Restaurant. Durch die Fenster hören wir das Rauschen des Meeres. Wir radeln über die Halbinsel, springen ins klare Wasser der Gezeitenbecken zwischen den Felsen. Wir wandern durch die Überreste eines Waldes, der hier vor rund 60 Millionen Jahren stand. Ganze Baumstämme sind unter Vulkanstaub zu Stein geworden und wurden von der Erosion wieder freigelegt. Jetzt liegen sie da, als seien sie erst gestern umgefallen.

„Patagonien war aber auch ein Land voll seltsamer wilder Tiere und Vögel. ‚Pen-gwyn‘ soll ein walisischer Ausdruck für ‚nicht fliegender Vogel‘ sein; einer abergläubischen Vorstellung von Seemännern aus elisabethanischer Zeit zufolge verkörperten Eselspinguine die Seelen ihrer ertrunkenen Kameraden“

BRUCE CHATWIN

Matias bringt uns mit seinem Motorboot zu namenlosen, aber dicht bevölkerten Inseln. Magellanpinguine, Kormorane, Wildenten schnattern zu Tausenden durcheinander und lassen sich von uns nicht stören. Ganz anders die Seelöwen. Als das Boot sich dem Ufer nähert, kracht es im Gestrüpp, Sand staubt auf. Scharenweise robben die Tiere zum Strand und stürzen sich wie die Lemminge ins Wasser. Ihre Köpfe ragen um das Boot aus dem Wasser, die Knopfaugen direkt auf uns gerichtet. „Was haben sie denn?“, frage ich Matias. „Nichts“, sagt er. „Sie freuen sich, dass wir da sind.“

1 Während einer Bootsfahrt zu den Inseln in der Bahía Bustamante sind immer wieder viele Magellan-Pinguine zu sehen **2** Tankstellen wie hier in Cholila sind in Patagonien nicht überall zu finden. Die nächste Station könnte erst ein paar hundert Kilometer weiter kommen **3** Hier waren keine schießwütigen Banditen am Werk, aber Wind und Wetter hinterlassen auch ihre Spuren an den wenigen Straßenschildern

Nach der Bahía Bustamante haben wir eine lange Fahrt vor uns, insgesamt 1000 Kilometer, erst an der Küste nach Norden, dann quer durchs Land zurück an die Anden. Unterwegs passiert nicht viel, wir fordern es aber auch nicht heraus. In unseren Köpfen sind so viele Eindrücke, die sich setzen müssen – und nirgends geht das besser als im weiten Patagonien. Sein Reiz ist, dass es sich auf wenige Reize konzentriert. Die geringelten Meseta-Hügel, das Pfeifen des Windes, die Tier-Tupfer, die Weite, all das wird uns so vertraut, dass wir süchtig danach sind, immer weiter zu fahren.

An einem der letzten Tage im Nichts versuchen wir, die Zeit anzuhalten, übernachten auf dem Weg zurück an die Anden in Los Altares, mitten zwischen der Küstenstadt Trelew und den Bergen. Es gibt dort ein paar steil aufragende Felsen, jene „Altäre", nach denen der Fleck benannt ist. Es gibt eine Tankstelle, ein paar Häuser, eine Kirche, nicht größer als ein Kiosk, ein Motel, wo sie uns ungläubig ansehen, als wir nach einem Zimmer fragen. Und es gibt José, der seit 38 Jahren im einzigen Lokal von Los Altares Schnitzel, zäh wie Tintenfisch, brät. Sein Gästebuch zählt für die vergangenen zwei Jahre acht Einträge, der letzte ist vier Monate alt. Was wir in Los Altares wollen: nichts. Ein allerletztes Mal.

„Ich dachte: Nirgendwo ist auch ein Ort" BRUCE CHATWIN

Ein Land braucht so wenig, um einen tief zu berühren. Steppe, Wolken und Himmel reichen schon. Ab und zu ein Mensch. Hier und da ein Tier, ein trotteliges Schaf oder ein aufgeregter Seelöwe. Und alle 100 Kilometer ein Schild, das wäre schön – damit die Sorge nicht zu groß wird, man könnte aus der Welt gefallen sein.

Nach der Fahrt durch das Morgenrot kommen wir wieder zurück an die Anden, in den Nationalpark Los Alerces. Wir wandern durch tiefe, verwucherte Wälder. Die klare Luft lässt den Staub der letzten Tage zu einer Erinnerung werden. Einer wehmütigen Erinnerung. Wir fahren weiter, baden im frischen Wasser des Lago Puelo, reiten durch die Wälder um El Bolsón. Und nach der letzten Etappe stehen wir in Bariloche dann jenem Mann gegenüber, der erleichtert ist, nicht nur uns wohlbehalten vor sich zu haben, sondern auch sein Auto. Sein Blick streift die getrocknete Matschschicht, die sich um den Ford zieht. Er versteht es immer noch nicht. All die Kilometer, all der Staub und all seine Sorgen – nur damit wir durch die Ödnis fahren.

„Ihr habt überhaupt nichts gesehen", sagt er. „Nicht mal drei Prozent von Patagonien. Die ganze Schönheit des Landes liegt in den Bergen, ein Nationalpark nach dem anderen, da hättet ihr bleiben müssen." Er erzählt von der Umgebung Bariloches, von Bäumen mit Blättern, groß wie Regenschirme. Das mag es alles geben. Und bestimmt ist es umwerfend schön. Aber das Patagonien, das wir gesehen haben, hat etwas mit uns gemacht. Es hat unsere Augen geöffnet für das große Nichts. □

MERIAN VON A–Z ZUM NACHBESTELLEN

- **Ä**gypten
- Amsterdam
- Andalusien
- Argentinien
- Athen

- **B**aden-Württemberg*
- Bali
- Baltikum
- Berlin
- Bonn*
- Brasilien
- Braunschweig*
- Budapest

- **C**hicago
- Chile und Patagonien
- Côte d'Azur

- **D**eutschland*
- Dominikanische Republik
- Dresden
- Dubai

- **E**cuador
- Elsass
- Emilia-Romagna

- **F**innland
- Florenz
- Florida
- Frankfurt
- Französische Atlantikküste
- **G**ardasee
- Griechenland*
- Große Ferien*

- **H**amburg
- Harz
- Hongkong

- **I**rland

- Istanbul
- Italien**

- **J**apan
- Jerusalem

- **K**alifornien
- Kanalinseln
- Kanar. Inseln
- Kapstadt
- Karlsruhe*
- Kärnten
- Kiel*

- Köln
- Krakau
- Kreta
- Kroatien
- Kuba

- **L**as Vegas
- Ligurien
- Lissabon
- Die Loire
- London
- Luxemburg

- **M**adrid
- Mallorca
- Malta
- Marokko
- Masuren
- Mauritius und Réunion
- Meckl.-Vorp.
- Mexiko

- Moskau
- MS Europa*
- München
- Münsterland

- **N**amibia
- Neapel und die Amalfiküste
- Neuseeland
- New York
- Wasserreich Niedersachsen*
- Norwegen
- Nürnberg

- **O**berbayern
- Oldenburg*
- Osnabrück*

- **P**eking
- Pfalz
- Piemont / Turin
- Portugal
- Prag
- Provence

- **R**om
- Das neue Ruhrgebiet*
- Rügen

- **S**alzburg und das Salzburger Land
- Schottland
- Schweden
- Schweiz
- Shanghai
- Sizilien
- Slowenien
- Spaniens Norden
- Steiermark
- Stockholm
- Stuttgart
- Südafrika
- Südtirol
- Sylt

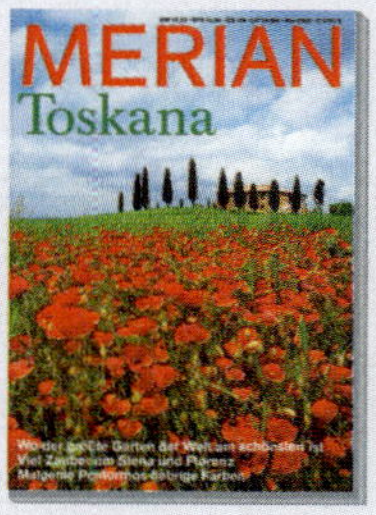

- **T**essin
- Thailand
- Thüringen
- Tirol
- Traumstraßen*
- Türkische Südküste

- **U**lm*
- Umbrien und die Marken
- Unsere Erde
- USA: Der Süden

- **V**atikan
- Venedig
- Vietnam
- Vorarlberg

- **W**eimar
- Wien / Niederösterreich
- Autostadt Wolfsburg*

- **Z**ürich
- Zypern

MERIAN Ausgaben erhalten Sie für 7,95 Euro, die MERAIN Extra-Ausgaben für * 5,– bzw. ** 7,50 Euro

MERIAN ist das Synonym für Reisen und Kultur auf höchstem Niveau. Wertvolle Tipps und detailgetreue Kartographie erleichtern Ihre Reiseplanung und geben neue Ideen und Ziele.

Nutzen Sie auch den bequemen Bestellservice unter Telefon 040/87 97 35 40 oder www.merian.de/shop

MERIAN
Die Lust am Reisen

BILDNACHWEIS

Anordnung im Layout: o=oben, u=unten, r=rechts, l=links, m=Mitte.
Titel: Klaus Bossemeyer; s. 3 ol Michael Müller, or Lotte Kudicke, or K. Bossemeyer, ur Marco Vernaschi, ur Tinka Dippel; S. 4 m K. Bossemeyer; S. 4/5 o Florian von der Fecht, u Marco Vernaschi; S. 5 ml Stephanie Füssenich/Urban Zintel, mr, u K. K. Bossemeyer; S. 6 ol 20th Century Fox/Album/AKG, om akg-images, ur JuanLaguna/Fotoscopio; S. 9 o Muller/Wildlife, ml Marcela Moisset, mr David Bugg, u PR; S. 10/11 Harscher/ laif; S. 12/13 Pep Roig/age fotostock; S. 14/15 K. Bossemeyer; S. 16 Nico Stengert/Lauca Images; S. 17 F. von der Fecht; S. 18/19 Ignacio Alvarez/age fotostock/ look-foto; S. 20/21 F. von der Fecht; S. 22/23 K. Bossemeyer; S. 24 Harscher/laif; S. 26-35 K. Bossemeyer; S. 37, 38 K. Bossemeyer; S. 39 Stephanie Füssenich; S.40/41, 42, 44 K. Bossemeyer; S. 46-50 K. Bossemeyer; S. 52 TCS/laif; S. 54-62 Marco Vernaschi; S. 64-65 T. Dippel; S. 66 dpa/picture-alliance; S. 70/71 P. Narayan/age fotostock/look-foto; S. 72 Peter Langer/Danita Delimont; S. 73 F. von der Fecht; S. 74/75 F. von der Fecht; S. 76 F. von der Fecht; S. 77 Francois Gohier/Okapia; S. 78 o World Pictures/Alamy, u Stadler/Corbis; S. 80 Stephanie Füssenich/Urban Zintel; S. 82 l Stephanie Füssenich/ Urban Zintel; S. 82 r Victor Basterra; S. 83 Victor Basterra; S. 84 ol Corbis, lm, rm Victor Basterra, r Brindicci/ Reuters; S. 86/87 Daniel Garcia/ Getty Images; S. 88 Pisarenko/AP Photo; S. 90 IML/laif; S. 91 Brindicci/ Reuters/Corbis; S. 92/93 F. von der Fecht; S. 94/95 Ralf Gantzhorn; S. 96/97 Aris Mihich/tips images; S. 98/99 Ralf Gantzhorn; S. 100-104 T. Dippel; S. 109 F. von der Fecht; S. 110 o Gonzales/laif, u K. Bossemeyer; S. 112 o Malherbe/ laif, u Marco Vernaschi; S. 114 o Marcarian/Reuters/Corbis, u Spierenburg/ laif; S. 115 Guy/hemis/ laif; S. 116 Heeb/laif; S. 117 Gantzhorn/Outdoor-Archiv; S. 118 Heeb/laif; S. 120/121 PR; S. 122 Bangert/laif; S. 126 AP/akg-images; S. 127 K. Bossemeyer; S. 130 ol Peter Rigaud, r, ul Arthur F. Selbach

Titelbild: Den Straßen-Tango im Viertel La Boca von Buenos Aires fotografierte Klaus Bossemeyer

MERIAN

Heft 1/2009, Januar, Erstverkaufstag dieser Ausgabe ist der 18. 12. 2008
MERIAN erscheint monatlich im Jahreszeiten Verlag GmbH, Poßmoorweg 2, 22301 Hamburg
Telefon 040/27 17-0 **Anschrift der Redaktion:** Postfach 601728, 22217 Hamburg
Telefon 040/27 17-26 00, Fax 040/27 17-26 28, **E-Mail:** redaktion@merian.de
Leser-und Aboservice: Postfach 601220, 22212 Hamburg, Tel. 040/87 97 35 40, Fax 040/27 17-20 79
Syndication: www.jalag-syndication.de
GourmetPictureGuide: Stefanie Lüken, Telefon 040/27 17-20 02, Fax 040/27 17-20 89, www.gourmetpictureguide.de
Internet: www.merian.de

Herausgeber: Manfred Bissinger
Chefredakteur: Andreas Hallaschka
Stellvertretender Chefredakteur: Hansjörg Falz
Art Directorin: Sabine Lehmann **Chef vom Dienst:** Tibor M. Ridegh **Textchefin:** Kathrin Sander
Redakteure: Charlotte von Saurma; Roland Benn, Marc Bielefeld,
Thorsten Kolle, Jonas Morgenthaler (freie Mitarbeit) **Schlussredaktion:** Tibor M. Ridegh, Jasmin Wolf
Layout: Dorothee Schweizer (stellv. Art Directorin), Ingrid Koltermann (Schlussgrafik);
Helga Damm, Beke Jürgensen (freie Mitarbeit)
Bildredaktion: Hanni Rapp, Eva M. Ohms
Redakteur dieses Heftes: Marc Bielefeld (freie Mitarbeit) **Konzeption:** Anja Haegele (freie Mitarbeit)
Bildredakteurin dieses Heftes: Hanni Rapp **Kartographie**: Peter Münch **Dokumentation:** Jasmin Wolf
Mitarbeit: Helmut Golinger, Beatrix Wegener, Katharina Zimmermann
Herstellung: Karin Harder **Redaktionsassistenz:** Sabine Birnbach, Katrin Eggers
Geschäftsführung: Joachim Herbst, Dr. Jan Pierre Klage, Peter Rensmann, Hermann Schmidt
Verlagsleitung Premium Magazine: Oliver Voß
Group Head Anzeigen Premium Magazine: Roberto Sprengel **Anzeigenleitung:** Christel Janßen
Anzeigenstruktur: Patricia Hoffnauer **Marketing:** Kenny Machaczek, Justus Hertle, Sonja Wünkhaus
Vertrieb: PSG PREMIUM SALES GERMANY, Poßmoorweg 6, 22301 Hamburg
Vertriebsleitung: Jörg-Michael Westerkamp (Zeitschriftenhandel), Frank H. Häger (Buchhandel)
Verantwortlich für den redaktionellen Inhalt: Andreas Hallaschka
Verantwortlich für Anzeigen: Roberto Sprengel

Verlagsbüros Inland: Hamburg: Tel. 040/27 17-25 95, Fax -25 20, E-Mail: vb-hamburg@jalag.de
Berlin + Hannover: Tel. 0511/85 61 42-0, Fax -19, E-Mail: vb-hannover@jalag.de
Düsseldorf: Tel. 0211/901 90-0, Fax -19, E-Mail: vb-duesseldorf@jalag.de
Frankfurt: Tel. 069/97 06 11-0, Fax -44, E-Mail: vb-frankfurt@jalag.de
Stuttgart: Tel. 07 11/966 66-520, Fax -22, E-Mail: vb-stuttgart@jalag.de
München: Tel. 089/99 73 89-30, Fax -44, E-Mail: vb-muenchen@jalag.de

Repräsentanzen Ausland:
Basel: Intermag AG, Tel. +41 61/275 46-09, Fax-10, E-Mail: info@intermag.ch
London: The Powers Turner Group, Tel. +44 20/7630 99 66, Fax 76 30 99 22, E-Mail: cweiss@publicitas.com
Mailand: Media & Service International Srl, Tel. +39 02/48 00 61 93, Fax 48 19 32 74, E-Mail: info@it-mediaservice.com
Paris: International Magazine Company, Tel. +331/53 64 88 91, Fax 45 00 25 81, E-Mail: imc@international.fr
Madrid: Alcála Media International Media Representation, Tel. +34 91/326 91 06, Fax-07, E-Mail: alcalamedia@retemail.es
Wien: Publimedia Internationale Verlagsvertretungen GmbH, Tel. +431/215 30, Fax 212 16 02
E-Mail: ppn-vienna@publicitas.com
New York: The Russell Group Ltd., Tel. +12 12/213 11-55, Fax -60, E-Mail: info@russellgroupltd.com

Die Premium Magazin Gruppe im Jahreszeiten Verlag

A&W Architektur & Wohnen COUNTRY DER FEINSCHMECKER WEIN Gourmet MERIAN

Gültige Anzeigenpreisliste: Nr. 41

Weitere Titel im Jahreszeiten Verlag: Für Sie, petra, vital, PRINZ, A&W Architektur & Wohnen, COUNTRY, DER FEINSCHMECKER, WEINGourmet, schöner reisen, Zuhause Wohnen, selber machen
Litho: Alphabeta Druckformdienst GmbH, Hamburg. Druck und Verarbeitung: heckel GmbH, Nürnberg,
ISBN: 978-3-8342-0901-6, ISSN 0026-0029 MERIAN (USPS No. 011-458) is published monthly.
The subscription price for the USA is $ 110 per annum. K.O.P.: German Language Publications, Inc., 153 South Dean Street, Englewood NJ 07631. Periodicals postage is paid at Englewood NJ 07631, and at additional mailing offices. Postmaster: send address changes to: MERIAN, German Language Publications, Inc. 153 South Dean Street, Englewood NJ 07631.

JAHRESZEITEN VERLAG
Ein Unternehmen der GANSKE VERLAGSGRUPPE

MERIAN

SEHENSWERT TOUREN ÜBER NACHT ESSEN & TRINKEN GESCHICHTE KARTEN BÜCHER

TIPPS Was Sie in Argentinien nicht versäumen sollten

>> **Perito Moreno** Der patagonische Gletscher ist einer der wenigen, die nicht schmelzen, und beeindruckt durch ein gewaltiges Spektakel. Oft brechen tonnenschwere Brocken des Eisriesen ab und stürzen donnernd in den grün und blau schimmernden Lago Argentino.

>> **Trödelmarkt in San Telmo** Sonntags werden die Pflasterstraßen des Kolonialstilviertels in Buenos Aires zur Fußgängerzone. Die Porteños tanzen Tango, Antiquitätenhändler bauen ihre Stände auf. Besonders schön: die Markthalle und die Hinterhöfe der Pasaje Defensa.

>> **Grillen wie die Gauchos** Fremde sollten es niemals „Barbecue" nennen – der argentinische *asado* ist ein Ritual. Zuerst kommt die Grillwurst, am Ende das Steak. Nur der Grillmeister darf das Fleisch wenden! Auf dem Land werden Ziegen auf Spieße gezogen und am offenen Feuer gegrillt.

>> **Die Idylle von Cachi** Der Weg in das zauberhafte Dorf im Nordwesten führt durch ein subtropisches Flusstal, über einen 3348 Meter hohen Pass und eine Hochebene mit Kandelaberkakteen. Prächtig ist auch die Kirche: Decke, Altar und Beichtstühle sind aus Kaktusholz getischlert.

>> **Ein Fußballspiel der Boca Juniors** Die Fans des legendären Clubs toben und singen auf den steilen Rängen des Stadions, wegen seiner Form „La Bombonera", die Pralinenschachtel, genannt. Das begehrteste Match: der *superclásico* – Boca Juniors gegen River Plate.

>> **Dino-Welten** Das Museo Egidio Feruglio im patagonischen Trelew zeigt 1700 Ausstellungsstücke, darunter versteinerte und nachgebildete Dinosaurier, und bietet Einblick in die Flora und Fauna der Urzeit. Faszinierend sind auch die Führungen an den Ausgrabungsstätten

>> **Iguazú-Wasserfälle** Auf einer Breite von fast drei Kilometern stürzen 260 Wasserfälle in die Tiefe, auf Brücken kommt man ganz nah an das tobende Nass heran. Über 250 Schmetterlingsarten leben im Nationalpark, am besten zu sehen bei einer Dschungeltour.

>> **Orquesta Típica Fernández Fierro** Es klingt wild und ungestüm, wenn das Orchester loslegt. Die Musiker mit den Rastazöpfen singen und spielen vier *bandoneónes*, hinzu kommen Klavier, Bass und Geigen. In Argentinien hat dieser moderne Tango längst Kultstatus.

Wer durch Argentinien reist, wird auch Guanakos begegnen. Sie gehören zur Familie der Kamele, leben in bis zu 4000 Meter Höhe und wurden wegen ihres Fells lange gejagt

Foto: Florian von der Fecht

MERIAN | TIPP

Die ganze Stadt für ein paar Pesos

Rund um die Uhr fahren die Stadtbusse durch Buenos Aires, scheinbar ohne System. Es lohnt sich, einfach einzusteigen! In den Bus Nr. 152 zum Beispiel – auf seiner Route lernt man die vielen Facetten der Stadt kennen. Die Fahrt beginnt in Olivos, wo der Präsidentenpalast steht. Von dort geht es in Richtung Szeneviertel Palermo. Über die Avenida 9 de Julio, vorbei am schicken Puerto Madero, fährt der Bus weiter in Richtung Hafenviertel La Boca. Wenn Sie sitzen bleiben und sich ohne Pause durchrütteln lassen, dauert die Fahrt je nach Tageszeit 1,5 bis 2 Stunden und kostet 1,75 Pesos. Interessant: Jeder Fahrer hat einen Bus, den nur er lenkt. Achten Sie auf die Marienbilder, Wimpel und Familienfotos, die die Fahrer aufgehängt haben.
Achtung: Bezahlt werden kann nur mit Münzen!

BUENOS AIRES

Microcentro

(b/c 3) Café Tortoni
Das älteste Café Argentiniens, 1858 gegründet, war schon immer berühmt für seine illustren Gäste. Hier saßen bereits Tangosänger Carlos Gardel, Tennisspielerin Gabriela Sabatini und Hillary Clinton. Regelmäßig Jazz- und Tangokonzerte.
www.cafetortoni.com.ar
Avenida de Mayo 825
Tel. (011) 43 42 43 28
tägl. 8-1 Uhr

(b 3) El Ateneo
Der edelste Buchladen der Stadt, untergebracht in einem alten Theater aus dem Jahr 1919. Die englische Zeitung *The Guardian* wählte das Geschäft zum zweitschönsten weltweit. Auch wenn Sie nichts kaufen, der Besuch lohnt!
Avenida Santa Fé 1860
Tel. (011) 48 13 60 52
Mo-Do 9-22, Fr, Sa bis 24 Uhr So 12-22 Uhr

(b 3) Palacio Barolo
1923 erbaut, war das Gebäude damals mit 100 Meter das höchste der Stadt. Der Palast ist gespickt mit Anspielungen an Dantes „Göttliche Komödie“. Er ist in drei Abschnitte gegliedert: Hölle, Fegefeuer, Himmel. Der Blick von der Kuppel auf dem Dach ist spektakulär.
Avenida de Mayo 1370
Reservierungen:
Tel. (011) 43 83 10 65
miqueast@yahoo.com.ar
Führungen Mo-Do stündlich von 15-19 Uhr

(c 3) Plaza de Mayo
Auf keinem Platz in Buenos Aires wird so viel demonstriert – und so viel gefeiert. Umgeben ist die Plaza de Mayo vom Regierungsgebäude Casa Rosada, dem Cabildo mit seinem Glockenturm und der Kathedrale. In Laufweite liegt auch das vermutlich älteste erhaltene Gebäude der Stadt, die Iglesia San Ignacio (1670), direkt an der Manzana de las Luces, jenem Häuserblock, in dem ab 1661 die Jesuiten residierten.

(b 3) Teatro Colón
Das 1908 eröffnete, prunkvolle Opernhaus ist weltberühmt für seine phantastische Akustik. Hier sangen Caruso und die Callas, Strawinsky und Strauss dirigierten das Orchester. Eine Führung lohnt sich auch wegen des gewaltigen Fundus' im Keller. Bis 2010 ist es wegen Restaurierungsarbeiten geschlossen, Konzerte finden aber in anderen Häusern statt.
Avenida 9 de Julio/Tucumán
www.teatrocolon.org.ar
Tickets und Informationen:
Tel. (011) 43 78-73 44
Mo-Fr 9 -17 Uhr

(b/c 3) U-Bahnlinie A
Für die Porteños Alltag, für Gäste ein kleines Abenteuer: Die U-Bahnlinie, die unter der Avenida de Mayo entlangfährt und die Casa Rosada mit dem Kongressgebäude verbindet, ist seit 1913 in Betrieb und war die erste in Südamerika. Ein Großteil der Holzwaggons ist noch immer im Dienst.
5-23 Uhr; 90 Centavos (1 Fahrt)

La Boca

(c 4) Museo de la Pasión Boquense
Für Fußballfans ein Muss: ein Besuch im Stadion der Boca Juniors, genannt *la bombonera* („die Pralinenschachtel“), und in dem dazugehörigen Museum. Wer ein Spiel sehen möchte, kann sich an verschiedene Anbieter wenden, die Eintrittskarten verkaufen und den Gast im Hotel abholen (Infos z.B. über www.tangol.com.ar).
Museum: Brandsen 805
www.museoboquense.com
Tel. (011) 43 09 47 00
tgl. 10-18 Uhr (außer an Spieltagen) 30 Pesos (inkl. Stadiontour)

(c 4) Museo Quinquela Martín
Das Bild vom Hafen, gemalt von Benito Quinquela Martín, und die Schiffsfigurensammlung sind sehenswert – aber das Schönste am Museum ist die Dachlandschaft mit ihrem Ausblick auf La Boca. Auch das Stadion der Boca Juniors ist von hier aus zu sehen.
Pedro de Mendoza 1835
Tel. (011) 43 01 10 80
Eintritt: 3 Pesos

Nuñez

(a 1) Tierra Santa
Freunde skurriler Sehenswürdigkeiten sollten sich diesen religiösen Themenpark nicht entgehen lassen. Alle halbe Stunde kommt hier das Christkind zur Welt. Und ein 18 Meter großer Jesus ersteht regelmäßig von den Toten auf. Auf dem Hauptplatz gibt es Bauchtanz-Darbietungen und arabische *empanadas*.
Rafael Obligado 5790
Tel. (011) 47 84 95 51
www.tierrasanta-bsas.com.ar
im Winter: Fr 9-21, Sa, So 12-22 im Sommer: Fr, Sa, So 16-24 Uhr; Eintritt: 20 Pesos

Das Hafenviertel La Boca ist bekannt für seine bunten Fassaden

Wo schon die Callas und Caruso glänzten: Das 1908 erbaute Opernhaus Teatro Colón bietet Platz für 3 500 Musikliebhaber

Palermo

(a 1) **Hipódromo**
Seit 1878 ist die Pferderennbahn mit ihren vier Tribünen ein beliebter Treffpunkt der Porteños. Jedes Jahr finden etwa 120 Rennen statt.
Avenida del Libertador 4101
Tel. (011) 47 78 28 00
www.palermo.com.ar
Eintritt frei, Turf von 14-22 Uhr Renntage vorher erfragen

(b 2) **Malba (Museo de Arte Latinoamericano)**
Museum für lateinamerikanische Kunst des 20. Jahrhunderts bis zur Gegenwart, gebaut im Auftrag des Kunstsammlers Eduardo Constantini. Die Dauerausstellung zeigt unter anderem Werke von Frida Kahlo und Diego Rivera.
Figueroa Alcorta 3415
Tel. (011) 48 08 65 00 u. -65 15
www.malba.org.ar
Do-Mo 12-20, Mi bis 21 Uhr Eintritt 15 Pesos, Mi gratis

(a 2) **Palermo Viejo**
Ein Spaziergang durch Palermo führt vorbei an Galerien, Cafés, Restaurants und einigen der schönsten Geschäfte der Stadt. Besuchen Sie zum Beispiel den Schreibwarenladen Papelera Palermo (Honduras 4945), das Seifengeschäft Hermanos Sabater (Gurruchaga 1821) oder die Boutique del Libro (Thames 1762). Sehr zu empfehlen ist auch das Café „El Último Beso“ (Nicaragua 4880).

Recoleta

(b 2) **Cementerio de la Recoleta**
Die etwa 7000 imposanten Mausoleen des ersten öffentlichen Friedhofs von Buenos Aires (gegründet 1822) bilden eine Stadt der Toten, die mit kunstvollen Statuen geschmückt ist. Evita Duarte de Perón und Jorge Luis Borges liegen hier begraben.
Junín/Vicente López
Führungen Di-So um 9, 10, 14 15 und 16, Di, Do um 11 Uhr auf Englisch; Eintritt frei

(a 2) **Museo Evita**
Die Ausstellung zeigt Leben und Wirken Evitas – und ihre luxuriösen Kleider. Evita selbst entschied 1948, das Gebäude zu kaufen und dort alleinstehende Mütter unterzubringen.
Lafinur 2988
Tel. (011) 48 07 03 06/ 48 09 31 68
www.museoevita.org
Di-So 11-19 Uhr; Eintritt 18 Pesos

Retiro

(c 3) **Plaza San Martín**
Einer der schönsten Plätze der Stadt. Von hier hat man einen guten Blick auf den „Turm der Engländer“ (1916) und den Bahnhof Retiro sowie das 120 Meter hohe Kavanagh-Gebäude (1936). Das neueste Denkmal auf dem Platz ist den Gefallenen des Falklandkriegs gewidmet.
Florida/Santa Fé

Puerto Madero

(c 3) **Reserva Ecológica Costanera Sur**
Von diesem Naturschutzgebiet, direkt am Río de la Plata gelegen, ist die Aussicht auf die Skyline von Buenos Aires beeindruckend. Das Areal entstand durch Landgewinnung mit Bauschutt, aber davon ist heute nichts mehr zu sehen.
Tristán Achaval Rodríguez 1550
Tel. (011) 48 93-15 88/15 97
Apr.-Okt. 8-18, Nov.-März 8-19 Uhr; Eintritt frei, Birdwatching und monatlich eine geführte Nachtwanderung (mit Reservierung)

San Telmo

(c 4) **Feria de San Telmo**
Als der Flohmarkt 1970 zum ersten Mal auf der Plaza Dorrego stattfand, bauten 30 Händler ihre Stände auf. Heute sind es 270, darunter viele Antiquitätenhändler. Etwa 10 000 Besucher kommen jedes Wochenende hierher. Die gesamte Gegend um den Platz verwandelt sich dann in eine Fußgängerzone mit Straßenmusikern, auf der Platzmitte wird Tango getanzt. Besuchen Sie auch die Pasaje Defensa, einen typischen alten Stadtpalast mit mehreren Hinterhöfen aus dem Jahr 1880.
Plaza Dorrego
www.feriadesantelmo.com
So 10-17 Uhr

Radtour mit Guide
Stürzen Sie sich ins Verkehrsgetümmel – mit Helm und Anleitung! Geführte Touren etwa durch San Telmo und La Boca dauern drei Stunden.
Pasaje Giuffra 308
Tel. (011) 43 62 11 04
www.labicicletanaranja.com.ar
Mo-Fr 9 und 14, Sa 14 Uhr Preis: 85 Pesos

Am Stadtrand

(a 4) **Feria de Mataderos**
Reiterspiele, Konzerte und Folklore-Tanz auf dem Gelände eines ehemaligen Schlachthofs. An den Ständen gibt es Essen aus allen Regionen Argentiniens und Kunsthandwerk.
Lisandro de la Torre/ Avenida de los Corrales
Infotelefon (011) 43 42-96 29
www.feriademataderos.com.ar
Apr.-Dez. So 11-20, Mitte Jan.- Mitte März Sa 18-1 Uhr

(C 2) Cachi

Allein die Anfahrt in das bezaubernde Dorf am Fuß des 6380 Meter hohen Nevado de Cachi ist ein Abenteuer. Die Route führt durch ein subtropisches Flusstal, über den 3348 Meter hohen Pass Piedra del Molino sowie durch den Kakteen-Nationalpark Los Cardones. Hübsch ist auch die alte Kirche: Decke, Beichtstuhl, Altar und Kanzel sind aus Kaktusholz.
Über die RN 68, dann RP 33 (157 km von Salta aus)
www.cachi.todowebsalta.com.ar

(C 2) Cafayate

Eis aus Wein
Ricardo Miranda, Besitzer der Eisdiele Miranda, ist fest davon überzeugt, der Erfinder von Wein-Eis zu sein. Stolz bietet er Besuchern die Geschmacksrichtungen Cabernet Sauvignon und Torrontés an. Prost!
Avenida Guemes Norte Nr. 170

(C 1) Iruya

Eine einsame Serpentinenstraße führt zum Bergdorf Iruya, in dem die Zeit stehen geblieben zu sein scheint. Die alten Häuser sind weiß getüncht, über die steilen, mit Flusssteinen gepflasterten Wege laufen die Indios in ihrer traditionellen Kleidung.
315 km von Salta, RP 133
Busse fahren nur einmal am Tag
Busbahnhof Humahuaca:
Tel. (038 87) 42 10 16
www.iruyaonline.com.ar

(B 5) Mendoza

Wein-Museum
Das Museo San Felipe in Mendoza ist mit 4500 Exponaten, darunter viele Werkzeuge aus der Kolonialzeit, das wichtigste Weinmuseum Lateinamerikas. Es gehört zum Gut La Rural, wo auch der bekannte Malbec Antología X und Felipe-Rutini-Weine produziert werden.
www.bodegalarural.com.ar
Montecaseros 2625
Tel. (02 61) 497 20 13
Mo-Sa 9-17, So 9-14 Uhr
Eintritt frei

(B 5) Observatorio El Leoncito

Die Provinz San Juan verzeichnet 300 sternenklare Nächte im Jahr. Besucher können über Nacht in der Sternwarte bleiben und unter Anleitung durch ein kleines Teleskop die Himmelskörper erkunden.
www.casleo.gov.ar
Reservierungen nur per e-Mail:
reservas@yafardestinos.com.ar
Tel. (02 64) 420 40 52
156 Pesos (mit Übernachtung)

(B 4) Parque Nacional Talampaya

Alejandro Tello und seine französische Freundin betreiben ein einfaches Hostel in Villa Unión und organisieren Trekkingtouren in kleinen Gruppen durch den Parque Talampaya, wo den Besucher beeindruckende rote Gesteinsformationen erwarten.
Park: 58 km von Villa Unión
www.talampaya.com
Winter 8.30-17.30, Sommer 8-18 Uhr; Eintritt 20 Pesos
Trekking: www.runacay.com
Tel. (038 25) 47 03 68
35-60 Pesos (je nach Tour) plus Eintritt in den Nationalpark

Salinas Grandes: Einheimische queren den Salzsee auf Packtieren

(B 4) Parque Provincial Ischigualasto

Mitten im Park liegt das Valle de la Luna, das seinen Namen zu Recht trägt: eine Mondlandschaft, die besonders imposant wirkt, wenn man sie bei Vollmond durchwandert. Die erstaunlichen Felsformationen wie der „Wurm", das „U-Boot" oder die „verlassene Kirche" sind durch Erosion entstanden.
Ruta 150, bei Valle Fértil
www.ischigualasto.org
Tel. (02 64) 422 73 72
Apr.-Sept. 9-16, Okt.-März 8-17 Uhr; 35 Pesos

(B 3) Paso San Francisco

Die Abzweigung zur Passstraße nach Chile befindet sich auf 1550 Meter Höhe bei Fiambalá, einem kleinen Ort mit einem schön gelegenen Thermalschwimmbad und gigantischen Dünen, auf denen Sandboarder ihren Spaß haben. 200 Kilometer führt die Straße danach bergauf und verläuft durch zerklüftete und imposante Gebirgslandschaften bis zum argentinischen Grenzposten auf 4726 Meter Höhe. Falls Sie einen Abstecher nach Chile machen wollen, denken Sie daran, dies vorher beim Autovermieter anzumelden.

(B 5) Puente del Inca/ Cristo Redentor

Ein herrlicher Tagesausflug bis auf 4200 Meter Höhe: Von Mendoza aus kommt man über Uspallata zur Puente del Inca, einer steinernen Naturbrücke über den Río de las Cuevas. Durch den hohen Schwefelgehalt im Wasser entstehen Ablagerungen, die die Brücke in verschiedenen Orangetönen färben. Weiter geht es auf der RN 7 zum Cristo Redentor, einer Christusstatue an der Grenze zu Chile, zu der man nur über eine unbefestigte Serpentinenstraße gelangt – und dies nur in den Sommermonaten. Und egal wie warm es unten im Tal ist – hier oben werden Sie sich über den heißen Kakao, den es in der Berghütte nebenan gibt, freuen!
Tagesausflug z.B. mit www.aymara.com.ar *100 Pesos*

Die großen Lettern (C 2) beziehen sich auf die MERIAN-Karte auf Seite 123

ltes Pflaster: Die Indios haben ie Straßen des Bergdorfs uya mit Flusssteinen gebaut

(C 1) Purmamarca

Cerro de los Siete Colores

In der Quebrada de Humahuaca, einer 150 Kilometer langen Schlucht im Nordwesten Argentiniens, leben etwa 170 000 Abkömmlinge der Ureinwohner. Von der alten Inkasiedlung Purmamarca hat man einen sehr schönen Blick auf den berühmten „Berg der sieben Farben“, dessen Gesteinsschichten von Buntmetallen gefärbt sind. Am einfachsten lässt sich die Schlucht, deren Hauptort Humahuaca ist, mit dem Auto durchreisen, eine Schotterpiste führt mitten durch die rot leuchtenden Berge, für eine Wanderung sollte man zwei Stunden einplanen. Wer auf den Bus angewiesen ist, kann vorbeifahrende Busse einfach mit Handzeichen und Pfiffen anhalten, um weiterzukommen.

Salinas Grandes

Steil geht es die Serpentinen der Cuesta de Lipán hinauf, bis man aus einer Höhe von über 3300 Metern auf den 12 000 Hektar großen Salzsee blickt. Auf einer asphaltierten Straße kann man über ihn hinweg fahren. Etwa auf halber Strecke werden an einem Stand Souvenirs verkauft, die es nur hier gibt: Lama- und Kaktusskulpturen aus Salz.
Ab Purmamarca 126 km
auf der Ruta Provincial 52
www.quebradaypuna.org.ar

(C 2) Salta

Museo de Arqueología de Alta Montaña

Das Museum erzählt die Geschichte dreier Kindermumien, die in überraschend gutem Zustand auf dem Vulkan Llullaillaco gefunden wurden. Sie starben vor 500 Jahren, sogar ihre Kleider sind konserviert. Museumsbesucher können die Mumien anschauen.
Mitre 77, Tel. (03 87) 437 04 99
www.maam.org.ar
Di-So 9-12.30, 16-20.30 Uhr
15 Pesos

Tren a las Nubes

Der „Zug zu den Wolken“ fährt durch steile Gebirgslandschaften bis auf die Hochebene Puna. Die Gleise verlaufen über 29 Brücken, durch 21 Tunnel sowie über 13 Viadukte. Stellenweise erreicht der Zug eine Höhe von 4 200 Meter, weshalb immer ein Arzt an Bord ist, um den Passagieren im Fall einer Höhenerkrankung helfen zu können. Die Fahrt dauert etwa 15 Stunden, los geht es um 7 Uhr morgens.
www.trenalasnubes.com.ar
Estación de Salta
(Ameghino y Balcarse)
Tel. (011) 52 46-66 66
466 Pesos

(C 1) Tilcara

Lama-Karawane

In der Kleinstadt Tilcara startet eine ganz besondere Trekkingtour, bei der Lamas das Gepäck der Teilnehmer tragen. Auf diesen gut organisierten Touren kommt man schnell an Plätze und in Dörfer, die sonst kaum ein Tourist zu sehen bekommt. Halb- und Mehrtagestouren.
Alverro esq. Ambrosetti
www.caravanadellamas.com.ar
Tel. (03 88) 495 53 26
3 Std. 120 Pesos (mit Picknick)

(B 5) Vallecito

60 Kilometer östlich von San Juan liegt einer der skurrilsten Wallfahrtsorte der Welt. Zu Ehren der Volksheiligen Difunta Correa hinterlassen ihre Anhänger Devotionalien: Brautkleider in der Capilla de las Novias, Spielzeugautos in der Kapelle der Lkw-Fahrer oder Schulzeugnisse in der Kapelle der Schüler. Die Heilige soll mehrere Wunder vollbracht haben, das erste gleich nach ihrem Tod. Mit ihrem Kind auf dem Arm verdurstete sie in der Wüste. Als Gauchos die Leiche fanden, ging es dem Säugling der Legende nach gut – er trank angeblich noch immer die Milch aus der Mutterbrust.
Ruta Nacional 20
www.visitedifuntacorrea.com.ar

Im ganzen Land berühmt: Das Städtchen Gualeguaychú feiert zwei Monate lang Karneval

MERIAN | TIPP

Fotosafari per Boot

„Funkelnde Wasser" tauften die Guaraní-Indianer die *Esteros del Iberá*, ein 13 000 km² großes Sumpfgebiet im Norden Argentiniens. Über 300 Vogelarten, Wasserschweine, Füchse, Brüllaffen, Krokodile und Jaguare leben in diesem riesigen Irrgarten aus Kanälen und Lagunen. Es gibt mehrere Lodges, die Fotosafaris, Birdwatching, Ausritte, Boots- und Angelausflüge organisieren. Der einzige Ort inmitten des Gebiets, das etwa fünfmal so groß wie Luxemburg ist, heißt *Carlos Pellegrini*. Die *Esteros* sind eines der größten Süßwasserreservoirs auf dem amerikanischen Kontinent – ein Schatz der Natur! **(F 3/4)**

www.welcomeargentina.com
Beste Reisezeit: September bis November und März bis Mai

Eines der größten Nagetiere der Welt: das Wasserschwein

(C/D 5) Córdoba

Manzana de los Jesuitas

Der Jesuitenblock besteht aus mehreren Gebäuden, Mittelpunkt ist die Iglesia Compañía de Jesus von 1671. Die Ansammlung der Stätten wird auch der „Block der Erleuchtung" genannt und gehört zum Weltkulturerbe.
In der Stadt Córdoba, Ecke Obispo Trejo und Caseras
Eintritt in die Kirche frei

(D 4) Estancia Santa Catalina

Die größte der Jesuiten-Estanzien in der Provinz Córdoba wurde 1622 erbaut. Berühmt sind ihre Kirche im kolonialen Barockstil und das ausgeklügelte Bewässerungssystem. Von hier aus wurde der Jesuitenblock in Córdoba mit Schaf- und Rindfleisch versorgt. Zu besichtigen sind drei Hinterhöfe, in denen die Jesuiten und die Bediensteten wohnten und arbeiteten.
E 66 bis Ascochinga danach noch 10 km Feldweg
Tel. (035 25) 42 16 00
www.santacatalina.info
Sommer: Di-So 10-13, 14.30 bis 19, Winter: Di-So 10-13 14-18 Uhr; Eintritt 9 Pesos

(E/F 5) Gualeguaychú

Karneval

Die kleine Stadt Gualeguaychú ist in Argentinien bekannt durch die seit Jahren andauernden Proteste gegen eine finnische Papierfabrik – und den farbenfrohen Karneval während der Monate Januar und Februar. Die Argentinier lieben ihn: Das ganze Jahr über wird an neuen Kostümen geschneidert.
RN 14 (240 km von Buenos Aires entfernt)
www.gualeguaychuturismo.com

(G 2/3) Iguazú

Wasserfälle

Auf einer Breite von etwa drei Kilometern stürzen über 270 Wasserfälle tosend in die Tiefe. Die Guaraní-Indianer gaben ihnen den Namen „Iguazú": „großes Wasser". Schlauchboote fahren Besucher sehr nah an die weiße Gischt heran, über schmale Stege können sie zur „Garganta del Diablo" laufen und 80 Meter tief in den „Teufelsschlund" hinabblicken.
www.iguazuargentina.com
9-18 Uhr; 40 Pesos
Bootsausflüge:
www.iguazujunglexplorer.com
z. B. la „Gran Aventura"
(Schlauchbootfahrt 150 Pesos)

Urwald-Wanderungen

Wenn Sie ein paar Tage Zeit haben und im Urwald übernachten möchten, ist die Yacutinga-Lodge das Richtige: Schmetterlinge beobachten, Nachtwanderungen unternehmen, Boot fahren auf dem Río Iguazú. In dem 570 Hektar großen privaten Naturschutzgebiet, in dem die Lodge liegt, leben Jaguare, Ozelote, Tapire und bedrohte Vogelarten.
60 km von den Wasserfällen entfernt, nahe der Kreuzung von RN 19 und RN 101
www.yacutinga.com
ab 1500 Pesos für zwei Nächte

(C 5) Nono

Museo Rocsen

„Museo Polifacético" nennt der ehemalige französische Kulturattaché Juan Santiago Bouchon sein Museum, in dem er über 25 000 teils reichlich ausgefallene Ausstellungsstücke zeigt. Zu sehen sind zum Beispiel eine Buddhastatue, ein Schrumpfkopf, eine 1200 Jahre alte Mumie aus Peru und sogar eine alte Esso-Tanksäule. Ganz sicher eines der schrägsten Museen, die die Welt zu bieten hat.
5 km von Nono, Traslasierra
Tel. (035 44) 49 82 18
www.traslasierra.com/rocsen
tgl. von 9 Uhr bis Sonnenuntergang; Eintritt 16 Pesos

(F 5) Parque Nacional El Palmar

Wer sich im Auto auf den Weg in den Norden nach Misiones macht, sollte im Palmenwald bei Colón einen Stop machen. In dem dschungelartigen Ökosystem leben seltene Reptilien und Schildkröten sowie die straußenähnlichen Nandus.
RN 14, 55 km nach Colón
www.colonentrerios.com.ar/elpalmar *Eintritt 20 Pesos*

(G 3) San Ignacio

Jesuiten-Mission

Erst vor hundert Jahren wurden die Ruinen der Jesuiten-Station San Ignacio Miní wiederentdeckt, sie waren vom Urwald überwuchert. Heute gehören die so genannten *reducciones*, in denen die Jesuiten die Guaraní-Indianer „zivilisierten", zum Weltkulturerbe der Unesco. Die Grundordnung der Mission ist gut erkennbar: Hauptplatz, die Kirche an der Stirnseite (1724), Klaustrum, Friedhof und die Werkstätten.
60 km von Posadas entfernt
7-19 Uhr, auf Wunsch mit Führung (auch auf Deutsch) 12 Pesos

(C 5) Villa General Belgrano

Sollten Sie Heißhunger auf Schwarzwälder Kirschtorte, Gulasch und Knödel haben: Hier sind Sie richtig! In der von deutschen Einwanderern geprägten Kleinstadt findet an den ersten beiden Oktoberwochenenden ein Bierfest, im Juli die Fiesta del chocolate alpino (Fest der Alpenmilchschokolade) und um Ostern das Wiener Tortenfest statt.
In der Nähe von Córdoba (87 km)
Tel. (035 46) 46 12 15
www.vgb.gov.ar

Die großen Lettern (L 3) beziehen sich auf die MERIAN-Karte auf Seite 123

(F 6) Colonia del Sacramento

Ein Ausflug auf die andere Seite des Río de la Plata nach Uruguay lohnt sich allein schon wegen der hübsch restaurierten Altstadt mit ihren Pflastersteinstraßen und niedrigen Kolonialstilhäuschen, die dort liegen. Zum Erreichen der Strände mieten Sie am besten ein Fahrrad. Mit dem Schnellboot ist man von Buenos Aires in einer Stunde in Uruguay.
Tel. (011) 43 16-65 00
www.buquebus.com
Tel. (011) 43 13-51 00
www.coloniaexpress.com
Je nach Fähre eine bis drei Stunden Fahrzeit
Kosten: 173-280 Pesos

(F 7) Mar del Plata

Museo del Mar
Mit 30 000 Ausstellungsstücken besitzt das Museum die drittgrößte Muschelsammlung der Welt. Besonderes Exponat: die große gewundene Tridacna-Muschel von den Philippinen. Im Untergeschoss befinden sich kleine Aquarien, die Kindern und Erwachsenen das Ökosystem Meer erklären.
Colón 1114, Mar del Plata
Tel. (02 23) 451 35 53
www.museodelmar.org
Sommer 10-21 Uhr
Winter 10-18 Uhr; 14 Pesos

(D 7) Parque Luro

Wer durch die Pampa Richtung Patagonien fährt, kommt am Naturschutzgebiet Parque Luro vorbei. Hier kann man Hirsche, Strauße und Guanakos sehen. Bemerkenswert im Herrenhaus: der Kamin. Pedro Olegario Luro hatte ihn Anfang des 20. Jahrhunderts in einem Pariser Restaurant gesehen. Da er unverkäuflich war, erwarb Luro kurzerhand das gesamte Restaurant – nahm aber nur den Kamin mit.
RN 35, km 292
(35 km von Santa Rosa)
Tel. (029 54) 49 90 00
www.parqueluro.gov.ar
Sommer 9-19 Uhr
Winter Di-So 10-18 Uhr
Parkeintritt 1 Peso, Besichtigung des Herrenhauses 2 Pesos

(E 6) San Antonio de Areco

Etwa 100 Kilometer liegen zwischen Buenos Aires und der Kleinstadt San Antonio Areco. Ein Besuch im Gaucho-Museum lohnt sich, Restaurants und Estanzien haben exzellentes Grillfleisch im Angebot. Am 10. November füllt sich San Antonio mit Pferden und Reitern: Zum „Día de la Tradición" finden eine Gauchoparade statt, Reiterspiele und Volkstanz.
113 km von Buenos Aires auf der RN 8
www.sanantoniodeareco.com
Fahrt mit dem Bus ab Retiro 26 Pesos

(F 6) Verónica

Estancia Juan Gerónimo
Wer die Hektik der Großstadt satt hat, findet hier ein kleines Paradies an der sonst überfüllten Atlantikküste: die Estancia Juan Gerónimo. Das Haupthaus im Tudor-Stil ist aus dem Jahr 1902, das 4000 Hektar große Gelände Teil eines UNESCO-Biosphärenreservats.
RP 11, bei Punta Piedras
Tel. (022 21) 48 14 14
Tel. (011) 15 49 37 43 26
www.juangeronimo.com.ar
Von 9.1. bis 1.3. geschlossen
500 Pesos (inklusive Ausritte)

(E 6) Villa Lía

Grillen mit den Gauchos
Ein Tag auf dem Land: Auf der 300 Hektar großen Estancia El Ombú kann man nicht nur Ausritte und Sulkyfahrten buchen, sondern auch bei einem typischen und köstlichen Grillfest nach Stil der Gauchos dabei sein. Wenn Reisegruppen einfallen, wird es voll.
Ruta 31, Tel. (023 26) 49 20 80
www.estanciaelombu.com
1 Tag mit Mittagessen, Ausritt und Sulkyfahrt 180 Pesos
mit Übernachtung 515 Pesos

MERIAN | TIPP

Kurs in die Inselwelt

Unweit von Buenos Aires beginnt das verwinkelte Paraná-Delta. Ein Eldorado für Wasserfreunde

Nur 50 Minuten Zugfahrt liegen zwischen dem hektischen Zentrum von Buenos Aires und der Endstation Tigre. Die Kleinstadt ist der Ausgangspunkt für einen Trip in eine einzigartige Inselwelt: Von der *estación fluvial,* dem Hafen, starten mehrere Boote und bringen *isleños* und Besucher in das **Paraná-Delta**, das beliebteste Naherholungsgebiet der Hauptstädter. Das Delta beginnt etwa 100 Kilometer vor der Mündung des **Río Paraná** in den **Río de la Plata** und besteht aus einem Labyrinth von mehr als 350 Inseln, Flüssen und Kanälen. Auf einer Fläche, die mehr als der Hälfte Belgiens entspricht, breitet es sich aus – eines der größten Süßwasserdeltas der Welt. Die ersten Siedler waren Schmuggler und Seeräuber, denen die vielen Inseln perfekte Verstecke boten.

Flusswelt: Ab Tigre fahren die meisten mit dem Schiff weiter

Heute wohnen im Delta 4500 *isleños.* Ihre Häuser sind auf Pfählen gebaut, vom Ufer ragen überdachte Stege auf den Fluss. Statt Straßen sind Kanäle und Flüsse die Hauptverkehrswege, ihre Boote machen die Bewohner an den Anlegern vor den Häusern fest. Dort wo kein Laden ist, kommt eines der 30 Supermarkt-Schiffe vorbei, auf denen so ziemlich alles verkauft wird: Seife, Schokolade, Batterien. Und zum Lernen fahren die Kinder nicht mit dem Schulbus, sondern mit dem Schiff

Besucher sollten etwas Zeit mitbringen, um das Delta zu entdecken. Wer in Tigre auf die Fähre steigt, durchkreuzt zunächst eine Gegend, in der viele Großstädter Ferienhäuser haben. Wasserskifahrer, überfüllte Stege, bunte Sonnenschirme und bis zum letzten Sitzplatz ausgebuchte Restaurants prägen die Kulisse. Wer es über diesen ersten Abschnitt, die *primera sección,* hinaus schafft, erlebt auch das betörende und stille Delta, mit seinen vielen ruhigen Kanälen, den schwimmenden Inseln aus Wasserpflanzen und den klaren Nächten, die zum Baden im Fluss einladen. Je weiter man sich vom Hafen entfernt, desto sauberer wird auch das Wasser. Zwar hat es eine braune Farbe, doch diese stammt lediglich von den Sedimenten, die der Río Paraná anspült.

MERIAN | TIPP

Ranch mit Aussicht

Viele Estancias öffnen ihre Tore für Touristen. Perfekt, um argentinische Landluft zu schnuppern

Alle, die durch Argentinien reisen, stellen sich irgendwann dieselbe Frage: Wem gehört dieses unglaublich weite Land? Wer sind die Besitzer der Steppen und Ebenen, auf denen allein 34 Millionen Rinder grasen? Die Antwort: Die meisten Ländereien gehören den **estancieros.** So heißt übrigens auch die argentinische Version von Monopoly. Es geht dabei nicht um Straßen – sondern darum, Ländereien zu ergattern. Ursprünglich war mit *estancia* schlichtweg ein Pfahl aus hartem Holz gemeint, der in der baumlosen Pampa in den Boden gerammt wurde. Die Rinder kamen von allein, um sich daran zu kratzen. Da war es nur logisch, dass die Landbesitzer irgendwann begannen, kleine Hütten neben dem Pfahl zu bauen. Und je besser das Geschäft mit dem Vieh lief, desto größer wurden die *estancias,* wie die Ranchhäuser bald hießen. „Der Fremde ist im ersten Augenblick verblüfft, wenn ihm ein *estanciero* wie selbstverständlich erzählt, dass auf seinem Land 60 000 Schafe, 40 000 Rinder und 10 000 Pferde weiden", schrieb der Amerikaner John Barret 1906 über das Landleben in Argentinien.

Früher Schule, heute Farm und Hotel: die Estancia Yapeyú

Heute gibt es *estancias* von Feuerland bis an die brasilianische Grenze – von der derben Schaffarm bis zum Landschloss. Viele *estancias* haben ihre Tore für Touristen geöffnet: Urlaub auf dem Bauernhof auf Argentinisch. Auf einem patagonischen Gutshof wie der **Estancia Helsingfors** (www.helsingfors.com.ar) am **Lago Viedma** (A 12), wo man mit dem Schlauchboot bis zum Gletscher fahren kann. Oder in der nördlichen Provinz Corrientes auf der **Estancia Buena Vista** (www.estanciabuenavista.com.ar) bei **Esquina** (E 4), auf der Besucher mit den Gauchos Vieh treiben können. Ebenfalls in Corrientes auf halber Strecke zwischen Buenos Aires und den Wasserfällen von Iguazú liegt die **Estancia Yapeyu** (www.estanciayapeyu.com.ar), die für ihre Gäste Ausritte und Kayak-Ausflüge organisiert. Die **Estancia María Behety** (www.maribety.com) in Feuerland ist eine exklusive Fishing-Lodge und erfolgreich in der Schafzucht: Auf 62 000 Hektar Land weiden hier 39 000 Schafe, der Schafscherschuppen ist der größte der Welt.

(B 11) Cueva de las Manos

Bis heute geben die circa 9 000 Jahre alten Höhlenzeichnungen in Patagonien den Wissenschaftlern Rätsel auf: Was haben die 829 Hände zu bedeuten, die dem Betrachter rot, gelb und ockerfarben entgegenleuchten? Die kuriosen Handabdrücke in der 24 Meter langen und 10 Meter hohen Höhle gelten als die ältesten Zeichnungen, die in Südamerika gefunden wurden. Sie zählen zu den ältesten Felsmalereien der Welt.

Nächster Ort: Perito Moreno 163 km entfernt. (Gemeint ist die Stadt, nicht der Gletscher!)

Winter 9-17, Sommer bis 19 Uhr; Eintritt: 15 Pesos

(A 12) El Chaltén

Die Siedlung am Fuß des Fitz Roy – 3 406 Meter hoch, benannt nach dem Kapitän von Darwins Forschungsschiff – ist die Trekkinghauptstadt Argentiniens. Schon aus weiter Ferne sieht man die spitzen und steilen Zacken des Bergs, auf denen sich anscheinend nicht einmal der Schnee halten kann. Um den Fitz Roy zu besteigen, muss man Profi sein. Falls Sie kein Bergsteiger sind: Weiter unten gibt es 70 Kilometer markierte Pfade.
Der nächste Flughafen ist im 215 km entfernten El Calafate.

www.elchalten.com

(B 14) Isla Redonda

„Ein eigenes Land" sei die Isla Redonda, sagt Carlos Delorenzo, der die Ausflüge zur Insel organisiert. Das Eiland betrachtet sich als kleines Königreich, ist aber international von keinem anderen Land anerkannt. Hier gibt es eine Kathedrale und sogar eine eigene „Botschaft", in der Pässe ausgestellt werden. Bootstouren zur Insel starten in der Bahía Zaratiegui im Nationalpark Tierra del Fuego, auf dem Steg liegt auch die südlichste Postannahmestelle Argentiniens. Auf der Insel gibt es Spazierwege und eine einfache Übernachtungsmöglichkeit in Etagenbetten.

Tel. (029 01) 42 29 32 (Carlos oder Fernando)

Nur im Sommer, Überfahrten ab 10 Uhr, 90 Pesos; Ausflug mit Übernachtung 250 Pesos, 24 Stunden vorher reservieren!

(B 7) Lago Barreales

90 Kilometer von Neuquén entfernt haben Paläontologen vor mehreren Jahren begonnen, Dinosaurier auszugraben – und sie werden noch immer fündig. Besucher können in einfachen Unterkünften übernachten und bei den Ausgrabungen helfen.

Tel. (02 99) 154 18 22 95
www.proyectodino.com.ar

Führungen täglich von 9 bis 19 Uhr; 30 Pesos

(A 9) Parque Nacional Los Alerces

Die Landschaft hier erinnert an die Alpen, allerdings fehlen die Uferbebauung an den Seen und die Touristenhorden. Der Park verdankt seinen Namen einem Baum namens *alerce*, der patagonischen Zypresse, die bis zu 70 Meter hoch wird. Der 236 000 Hektar große Nationalpark ist eine naturbelassene Berglandschaft, in der man wunderbare Trekkingtouren und Ausflüge unternehmen kann, zum Beispiel auf den Cerro Alto el Dedal, der einen phantastischen Ausblick bietet.

Exklusive Fishinglodge: www.hosteriaselaura.com
Zum Park: ab Esquel RN 259 (50 km), Tel. (029 45) 47 10 20 oder 47 10 15
www.welcomeargentina.com/parques/losalerces.html

Eintritt im Sommer 20 Pesos im Winter Eintritt frei

Die großen Lettern (B 11) beziehen sich auf die MERIAN-Karte auf Seite 123

INFO

Hochgefühle: Vom Gipfel des Fitz Roy blicken Bergsteiger weit über das patagonische Eisfeld

(A 12) Parque Nacional Los Glaciares

Gletscher-Trekking
Es ist ein großes Naturschauspiel, wenn mit großen Getöse tonnenschwere Eisbrocken des Perito-Moreno-Gletschers abbrechen und ins Seewasser stürzen. Sie können sich mit Ausflugsschiffen dem Gletscher nähern – oder ein Mini-Trekking wagen. Zur Belohnung gibt es am Ende der Wanderung ein Glas Whiskey mit Gletschereis.
www.losglaciares.com
Nationalpark: 8-24 Uhr
Eintritt: 40 Pesos, Mini-Trekking: je nach Dauer 150-200 Pesos

(A 7/8) Paso Pino Hachado

Mit dem Hundeschlitten in die Anden
Kurz vor dem Pass, der Argentinien und Chile verbindet, haben Analía und Hernán in der Abgeschiedenheit ein kleines Paradies geschaffen: drei urige Holzhütten, Pferde, umgeben von Araukarien. Im Winter organisieren die beiden Mehrtagestouren mit Schlittenhunden. Jeder Gast ist für „seine" Hunde verantwortlich. Übernachtung im Zelt.
Tel. (029 42) 49 93 00
www.pasopinohachado.com.ar
Schlittentour: 150 Pesos pro Tag

(D 9) Península Valdés

An keinem anderen Ort in Argentinien gibt es eine so vielfältige Meeresfauna wie hier: von Mai bis November Wale, im argentinischen Sommer Orkas, Pinguine und Delfine, das ganze Jahr über Seelöwen. Das touristische Zentrum ist Puerto Pirámides. Tiere beobachten können Sie in der Reserva Nacional Punta Norte und Punta Cantor. Der nächste Flughafen ist in Puerto Madryn. Dort liegt auch das Ecocentro, in dem das Ökosystem des patagonischen Meeres anschaulich erklärt wird.
www.puertopiramides.gov.ar
www.ecocentro.org.ar
Parkeintritt: 40 Pesos
Bootsausflug zur Walbeobachtung 150 Pesos

(A 8) Ruta de los Siete Lagos

Die „Straße der sieben Seen" entspricht zum Großteil der Route der RN 234, die San Martín de los Andes mit Villa la Angostura verbindet (110 Kilometer). Eine hübsche Strecke, die man ohne Umwege fahren kann, wenn man von San Martín nach Bariloche unterwegs ist. Wenn Sie mit dem Bus fahren wollen, erkundigen Sie sich besser vorher nach der Route: Nicht alle Busse fahren an den Seen entlang.
www.welcomeargentina.com/paseos/sietelagos_sma
Als Tagesausflug von San Martín:
www.yucoviajesyturismo.com.ar
80-100 Pesos (je nach Saison)

(C 9) Trelew

Dinos im Museum
Das faszinierende Museo Egidio Feruglio zeigt über 1700 Ausstellungsstücke aus der Ära der Urzeitriesen und bringt Besuchern die Pflanzen- und Tierwelt der Saurierzeit auf eindrucksvoller Weise nahe. Über die Arbeit der Paläontologen erfahren Sie mehr bei einem Besuch der Ausgrabungsstätten. An der Seite der Forscher können Interessierte erleben, wie alten Knochen aus dem Boden geschabt werden.
Av. Fontana 140, Tel. (029 65) 42 00 12
www.mef.org.ar
Sept.-März Mo-So 9-20, Apr.-Aug. Mo-Fr 10-18, Wochenende bis 20 Uhr; Eintritt: 23 Pesos

(B/C 14) Ushuaia

Ausflug auf den Beagle-Kanal
Vom Hafen in Ushuaia starten Ausflugsschiffe zu verschiedenen Zielen: zur Isla de los Lobos (Seelöwen), zum Faro Los Eclaireurs (Leuchtturm) und zur Isla Martillo, auf der von November bis März eine Pinguinkolonie zu Hause ist. Relativ kleine Boote hat der Anbieter Tres Marías. Piratour ist das einzige Unternehmen, das eine Lizenz hat, mit der Besucher die Isla Martillo betreten dürfen. Alle anderen Anbieter machen Stops am Inselrand, bei denen Touristen die Pinguine fotografieren können.
Piratour: Tel. (029 01) 15 60 46 46
www.piratour.com.ar
Tagesausflug mit Stop bei der Estancia Haberton: 100 Pesos
Tresmarias: Tel. (029 01) 43 54 16
www.tresmariasweb.com
4 Stunden 55 Pesos

MERIAN | TIPP

Ritual am Rost

Das spanische Wort *asado* bedeutet schlicht Grillen, aber in der argentinischen Version wird es zum gesellschaftlichen Ereignis. Eine Alternative zum echten Asado ist der Besuch im Steakhaus, genannt *parrilla*. 2007 verspeiste jeder Argentinier im Mittel 65,4 Kilogramm Fleisch, vor allem vom Rind. Entscheidend beim Asado ist der richtige Schnitt: Koteletts oder Schnitzel sind eher selten, die Speisekarte mag Neulinge verwirren: Das Ritual beginnt mit würzigem Grillkäse, sogenannter *provoleta*. Es folgen *chorizos*, Bratwürste, die im Brötchen zum *choripan* werden, Argentiniens Version des Hot dog, sowie *morcilla*, Blutwurst. Nach *chinchulines* (Darm) und *mollejas* (Bries) kommen die wichtigsten Stücke auf den Rost. Das oft vier Zentimeter hohe Filet heißt *lomo*, es ist der zarteste und teuerste Teil des Rinds. Kenner bevorzugen das fettere und saftigere *bife de chorizo*, Rumpsteak. *Cuadril* und *nalga* wiederum stammen vom hinteren Ende der Kuh, der Hüfte. Dazu gibt es in der Regel Salat, Weißbrot, Rotwein und Soßen, besonders das legendäre *chimichurri* aus Öl und Kräutern. Das Fleisch wird langsam gegart, nicht hektisch wie in Deutschland und den USA, Zeit spielt im Idealfall keine Rolle. Und zwischendurch erheben sich die Gäste und klatschen: „Un applauso para el asador", ruft einer. Beifall für den Grillmeister.

Preiskategorien

Ale Adressen im Infoteil sind MERIAN-Empfehlungen.
Der Preis für ein Hauptgericht lag bei Redaktionsschluss bei:
€ unter 7 €
€€ bis 14 €
€€€ über 14 €

BUENOS AIRES

(a 1) **Buddha BA**
Ein fürs Barrio chino, das Chinesische Viertel, untypisches, weil edles Restaurant und Teehaus. Angeschlossen sind eine Kunstgalerie und ein orientalischer Dachgarten. Besonders zu empfehlen: Riesengarnelen in Kokosmilch mit getrockneten Tomaten, Babymais und Thai-Dressing.
Arribeños 2288 (Belgrano)
Tel. (011) 47 06 23 82
www.buddhaba.com.ar
Restaurant Di-So, 12.30-15.30 20-24, Teehaus 16-19.30 Uhr €€

(b 3) **El Cuartito**
Der beste Ort, um argentinische Pizza zu testen – von der zumindest die Argentinier behaupten, sie sei die beste der Welt: dicker Teigboden, viel, viel Käse. Kantinenatmosphäre mit Neonlicht, Fussballerfotos an den Wänden.
Talcahuano 937 (Zentrum)
Tel. (011) 48 16 17 58/43 31
tgl. 12.30-1, Fr, Sa-2 Uhr €

(c 4) **El Obrero**
Seit 1954 eine Institution. Früher kamen die Fabrikarbeiter hierher (daher der Name „der Arbeiter"), heute alle Porteños. Das bife mariposa (aufgeklapptes Steak) ist exzellent. Ebenfalls gut: Muscheln und Fischgerichte. Abends bitte mit dem Taxi vor die Tür fahren lassen.
Agustín R. Caffarena 64 (La Boca), Tel. (011) 43 62 99 12
Mo-Sa 12-16, ab 20.30 Uhr €€

(a 2) **La Cabrera**
Klassiker in Palermo, bekannt für hervorragendes Fleisch und – untypisch für Argentinien – Beilagen, Soßen und Tapas. Unbedingt reservieren!
Cabrera 5099 (Palermo)
Tel. (011) 48 31 70 02
www.parrillalacabrera.com.ar
tgl. 20.30-1, Di-So 12.30-16 Uhr €€€

(a 2) **Lo de Jesús**
Angenehmes Ambiente in einem Kolonialstilhaus mit Charme: schwarz-weiße Bodenfliesen, leicht angelaufene Spiegel. Spezialitäten vom Grill sind das große, zarte *bife de lomo* und knusprige *provoleta* (Grillkäse).
Gurruchaga 1406 esq. Cabrera (Palermo)
Tel. (48 31) 19 61
www.lodejesus.com.ar
tgl. 12-16, 20-24, am Wochenende bis 2 Uhr €€

(a 2) **Miranda**
Modernes Grillrestaurant mitten in „Palermo Hollywood", laut und immer voll. Zartes Fleisch, frische Salate und Grillgemüse. Im Hintergrund läuft dezent elektronische Musik.
Costa Rica 5602 esq. Fitz Roy (Palermo)
Tel. (011) 47 71 42 55
tgl. 9-2 Uhr morgens €€

(a 2) **Sifones y Dragones**
„Kein Restaurant, sondern eine Küche mit Tischen", pflegt der Chef zu sagen. Außergewöhnliche Kreationen à la carte, wechselnde Gerichte. Reservierung empfohlen.
Ciudad de la Paz 174 (Belgrano)
Tel. aus Buenos Aires: 15 44 13 98 71
www.sifonesydragones.com.ar
Di-Sa ab 21 Uhr €€€

(a 2) **Standard**
Schlicht aber edel, holzgetäfelte Wände, schwere, weiße Tischtücher. Frisches Brot, gegrilltes Karrée, gute Pasta. Die Portionen sind garantiert nicht „Standard": Ein Gericht reicht meist für zwei.
Guatemala y Fitz Roy
Tel. (011) 47 79 27 74
Mo-Sa 20.30-1 Uhr
Sa auch 12-15.30 Uhr €€

(b 3) **Status**
Ein kulinarischer Ausflug nach Peru, mitten in Buenos Aires. Lecker und typisch: *ceviche* (roher Fisch in Limettensaft mariniert) mit Süßkartoffeln und geröstetem Mais, Fleischgerichte mit Bohnen, Austern.
Virrey Cevallos 178 (Congreso)
Tel. (011) 43 82 85 31
tgl. mittags bis 1 Uhr morgens €€

PROVINZ BUENOS AIRES

(F 7) Mar del Plata
Viento en Popa
Exzellentes Fischrestaurant. Der Besitzer ist selbst Küchenchef und kauft morgens am Hafen frisch ein. Laut und wuselig, aber mit gestärkten Decken auf den Tischen. Wechselnde Karte – vertrauen Sie den Empfehlungen des Kellners! Unbedingt reservieren.
Av. Martínez de Hoz 257 (gegenüber vom Zirkus)
Tel. (02 23) 489 02 20
Hochsaison: tgl. 12.30-15 Uhr und 20.30-23 Uhr
Nebensaison: Do-So €€

(E 6) San Antonio de Areco
La Olla de Cobre
Diese Schokoladenfabrik erfüllt alle süßen Wünsche: Turrón, gefüllte Ostereier, Trinkschokolade. Alles serviert in einem urigen, historischen Ambiente.

Die großen Lettern (F 7) beziehen sich auf die MERIAN-Karte auf S. 123, die kleinen (a 1) auf den Stadtplan auf S. 111

Eine der besten Adressen für ein gutes argentinisches Steak: die Parilla La Cabrera in Buenos Aires

Matheu 433
Tel. (023 26) 45 31 05
www.laolladecobre.com.ar
1 kg ca. 24 €

(E 6) Tigre-Delta
Delta Unplugged
Der Schweizer Koch Ralph und seine Frau Ana empfangen Gäste auf dem Steg vor ihrem Haus im Flussdelta und organisieren Bootsausflüge. Zum Mittagessen an Bord, mitten in der Natur, gibt es Olivenbrot, frisch zubereitetes Entrecôte oder Wok-Gemüse.
Tel. aus Buenos Aires:
15 67 50 15 36
www.delta-unplugged.com.ar
Bootsfahrt inkl. Verpflegung nur mit Reservierung €€€

NORDWESTEN

(C 3) Belén
1900
Das in einem Kolonialstilhäuschen untergebrachte „1900" überrascht mit leckerer hausgemachter Pasta. Besonders gut: *sorrentinos cuatro quesos* mit Champignon-Schinken-Soße.
Belgrano 391
Tel. (038 35) 46 11 00
Di-So 12.30-15, 20.30-1 Uhr €

(B 5) Godoy Cruz
1884
Elegantes, in einem Weingut gelegenes Restaurant. Starkoch Francis Mallmann verbindet regionale Traditionen mit europäischen Einflüssen. Im Sommer sitzt man am schönsten im Garten. Unbedingt reservieren.
Belgrano 1188
Tel. (02 61) 424 26 98
www.1884restaurante.com.ar
tgl. 20.30-24 Uhr €€€

(C 1) Tilcara
El Patio
Schlichtes Restaurant mit kleinem Hinterhof, das mit exquisiten regionalen Spezialitäten überrascht. Auf der Karte stehen Lamasteak mit *quinoa* als Beilage, verschiedenfarbige Andenkartoffeln und *humita* (Mais).
Lavalle 352
Tel. (03 88) 495 50 44
Mi-Mo 11-15, 19-23 Uhr €

NORDOSTEN

(D 4) Colonia Caroya
Macadam
Nach dem Besuch der Jesuiten-Estancia in Colonia Caroya ist Mittagessen im Macadam Pflicht. Das Restaurant in dem einfachen Kolonialstilgebäude mit Säulengang bietet etwa typisch friulanische Tortilla (mit drei Käsesorten) und hausgemachte Salami. Beeindruckender Weinkeller.
Av. San Martín 3210
Tel. (035 25) 46 97 77
Mi-Fr ab 20, Sa, So 12-14 und ab 20 Uhr €

(C 5) Nono
Las Pircas
Lassen Sie sich überraschen von den Menüs, die Don Marío für Besucher zaubert. Es gibt frisches Brot aus dem Holzofen – und nur eine Speisenfolge, aber die enttäuscht nie.
Paso a las Tropas
Tel. (035 44) 49 82 36
13-16 und ab 20.30 Uhr, nur mit Reservierung €€ *(Menü)*

(C 5) Villa General Belgrano
Viejo Munich
Sauerkraut und Kassler, Gulasch und Hirschrücken in einer zünftigen Brauerei; im Hintergrund läuft deutsche Volksmusik. Fast alle Gerichte auf der Speisekarte des „Alten München" haben deutsche Wurzeln: *ñoquis alemanes* sind nichts anderes als Knödel.
Av. San Martín 362
Tel. (035 46) 46 31 22
www.cervezaartesanal.com
tgl. 12-15, 19.30-24 Uhr Nebensaison: Mi geschl. €

PATAGONIEN

(B 13) Río Gallegos
Lagunacazul
Eine phantasievolle Reise durch die Küche Patagoniens: Serviert werden in Malbec gegartes Lamm oder frische Forelle mit Tomaten und Grapefruit. Zum Dessert Bratäpfel und Trockenfrüchte in Portwein.
Gob. Lista y Sarmiento
Tel. (029 66) 44 41 14
Di-So 12-15 und 20.30-24 Uhr €€€

(A 8) San Martín de los Andes
Caleuche
Steinhaus mit Panoramafenstern, die beste Aussicht auf den Lago Lácar bieten. Restaurant, Teehaus und Weinbar. Auf der Karte stehen regionale Spezialitäten wie Guanako, Wild oder Forelle.
www.paihuen.com.ar
RN 234, km 78
Tel. (029 72) 42 8 15-4 /-5 /-6
Di-Sa 8-24, So, Mo 8-21.30 Uhr €€

(B 7) San Patricio del Chañar
Saurus
Das Restaurant liegt auf dem Weingut der deutschen Einwandererfamilie Schröder. Im Keller der Bodega sind Dinosaurierknochen ausgestellt, die auf dem Gelände gefunden wurden. Sehr schöner Blick auf die Weinberge.
Tel. (02 99) 48 99 600/01/02
www.familiaschroeder.com
tgl. 12.30-15.30 Uhr €€€

(B/C 14) Ushuaia
Dulce Fuego
Das kleinste Restaurant Ushuaias: Natalia und Rubén haben einen Tisch in den Eingangsbereich ihres Lieferservices gestellt – mit Blick in die Küche. Forelle und Rind werden exzellent zubereitet. Kleine, aber gute Weinkarte.
Cabo de Hornos 3815 (Außenbezirk)
Tel. (029 01) 44 48 49
dulcefuegosrl@yahoo.com.ar
Keine festen Öffnungszeiten, Reservierungspflicht €€

Kaupe
Kleines, familiäres Restaurant mit Blick auf den Beagle-Kanal. Sehr zu empfehlen sind die Königskrabben-Crêpes mit Safran-Soße und das auf Zwetschgen servierte *bife de lomo*. Die argentinische Gastronomie-Akademie wählte das Kaupe 2005 zum besten Restaurant des Landes.
Roca 470, Tel. (029 01) 42 27 04
www.kaupe.com.ar
Mo-Sa 18.30-23 Uhr €€€

MERIAN | TIPP

Luxus auf dem Land

„Das beste, was ein Mensch für einen anderen tun kann, ist seine Träume mit ihm zu teilen.“ Das ist der feste Vorsatz von Raoul und Stéphanie Fenestraz, und sie beherzigen ihn in ihrer Estancia „El Colibri“, zwischen Córdoba und Santa Catalina im Herzen Argentiniens gelegen. Traumhaft schön ist das Anwesen, die Salons und Suiten bieten großzügigen Luxus, und ein geschmackvolles Ambiente. Das Essen ist hervorragend, und an Angeboten für die Gäste herrscht kein Mangel: Zum Haus gehört ein Poloclub, Ausritte werden organisiert, Massagen im noblen Spa sind sehr zu empfehlen. Das „El Colibri“ ist nicht nur Hotel, sondern auch der Farmbetrieb läuft. Interessierte Gäste können die Gauchos bei der Arbeit begleiten.

(D 4) Estancia El Colibri
Camino a Santa Catalina 7 km
Tel. (035 25) 46 58 88
www.estanciaelcolibri.com
6 Zi. und Junior-Suiten
3 Suiten €€€€

Preiskategorien

Alle Adressen im Info-Magazin sind MERIAN-Empfehlungen. Preiskategorien Hotels: Der Preis für ein Doppelzimmer mit Frühstück liegt bei
einfach: € unter 50 €
erschwinglich: €€ über 50 €
gehoben: €€€ 100-220 €
Luxus: €€€€ über 220 €

BUENOS AIRES

(a 2) **248 Finisterra Boutique Hotel**
Geschmackvoll eingerichtetes Haus in einem Bezirk, in dem es sonst wenige Hotels gibt. Whirlpool auf der Terrasse, auch nachts geöffnet – perfekt, um in die Sterne zu gucken.
Báez 248
Tel. (011) 47 73 09 01
www.248finisterra.com
10 Zi. €€€

(a 2) **1555 Malabia House**
Das „Design Bed & Breakfast“ ist in dem alten Gebäude eines ehemaligen Konvents untergebracht. Die richtige Mischung aus Liebe zum Detail und gutem Service – und das in bester Lage.
Palermo, Malabia 1555
Tel. (011) 48 33 24 10 und 48 32 33 45
www.malabiahouse.com.ar
15 Zi. €€€

(a 2) **Bernarda House**
Schönes Haus mit großzügigem Wohnzimmer und kleinem Garten mitten in Palermo, in Laufweite der Plaza Serrano. Mini-Schwimmbad im Garten.
Palermo, Uriarte 1942
Tel. (011) 47 74 89 97
www.bernardahouse.com.ar
5 Zi. €€€

(b/c 3) **Hotel Bien Al Sur**
Bed & Breakfast in einem neu renovierten Art-déco-Gebäude mit Dachterrasse und obligatorischem Grill. Einfache, angenehme Zimmer, Geräuschempfindliche sollten nicht die zur Straße gelegenen buchen.
San Telmo, Chile 484
Tel. (011) 43 07 59 26 und 43 00 89 31
www.hotelbienalsur.com.ar
7 Zi. €€ *(mit Bad) sonst* €

(c 4) **Hotel Madero**
Minimalistisches Designhotel im neuen Szene-Viertel Puerto Madero. Schwimmbad auf dem Dach und mehrere coole Restaurants, Bars und Lounges.
Puerto Madero, Rosario Vera Peñaloza 360

Tel. (011) 57 76 77 77
www.hotelmadero.com
193 Zi. €€€€

(b/c 3) **Sofitel Arroyo**
Art-déco-Hotel in einem Hochhaus von 1929. Damals war die „Torre Milkanovich“ eines reichen Reeders das höchste Haus der Stadt – von den Büros im 20. Stock hatte er seine Schiffe im Blick. Später beherbergte das Haus luxuriöse Apartments. Seit 2004 ist es ein wunderschönes, luxuriöses Hotel.
Retiro, Arroyo 841-849
Tel. (011) 41 31 00 00
www.sofitelbuenosaires.com.ar
144 Zi. €€€€

PROVINZ BUENOS AIRES

(E 6) Tigre-Delta
Hostería Los Pecanes
Ana und Richard haben eine kleine Oase auf einer Insel im Tigre-Delta geschaffen. Vor den Zimmern schwirren Kolibris, das Essen ist exzellent. Ein ruhiger Ort, an dem man die Nähe von Buenos Aires vergisst.
Arroyo Felicaria
Tel. (011) 47 28 19 32
www.hosterialospecanes.com
4 Zi. und 3 Hütten €€

NORDWESTEN

(C 2) Cachi
El Cortijo
Wunderschöner Altbau, stilgerecht renoviert, großer Hinterhof mit plätscherndem Springbrunnen. Die Zimmer sind nicht groß, aber gemütlich und geschmackvoll mit alten Möbeln eingerichtet.
Calle Automóvil Club s/n
Tel. (038 68) 49 10 34
www.elcortijohotel.com
12 Zi. €€

(C 2) Salta
Hotel Papyrus
Komfortables, modernes Hotel am Fuße des Cerro San Bernardo, schöner Blick auf die Stadt. Mit Schwimmbad, Parkplatz und Gourmet-Restaurant.
Pasaje Linares 237
Tel. (03 87) 422 70 67
www.hotelpapyrus.com.ar
11 Zi. €€

(C 1) Tilcara
Hostal Malka
Am Dorfrand gelegen, tolle Aussicht, besonders aus dem Frühstücksraum, in dem ein gutes Frühstück serviert wird. Freundlicher Service, Holzofen in jedem Zimmer. Wer das Glück hat, eine der Hütten zu ergattern, kann auf eigener Terrasse sitzen.
San Martín s/n
Tel. (03 88) 495 51 97
www.malkahostel.com.ar
6 Zi. und 3 Hütten €

Rincón de Fuego
Schön eingerichteter, traditioneller Bau aus Stein und Adobe (Lehm), gemütliches Wohnzimmer mit Kamin. Mitten im Dorf – und nichts für Höhenkranke: Tilcara liegt 2461 Meter hoch!
Ambrosetti 445
Tel. (03 88) 495 51 30
www.rincondefuego.com
8 Zi. €€

(C 1) Yavi
Pachama
Liebevoll eingerichtetes Hotel in einem traditionellen Adobe-Bau mit Strohdach. Die beste Unterkunft in dem kleinen Ort, von dem aus man durch ein Flusstal nach Bolivien laufen kann. Auf 3500 Meter Höhe gelegen!
Ruta N. 5 Ecke Av. Senador Perez, Tel. (038 85) 42 32 35
www.pachamahosteria.net
9 Zi. €

Die großen Lettern (E 6) beziehen sich auf die MERIAN-Karte auf S. 123, die kleinen (a 2) auf den Stadtplan auf S. 111

Einsam und elegant: Die noble Estancia El Colibri bietet Ruhe, viel Platz und noch mehr Komfort

NORDOSTEN

(C/D 5) Alta Gracia
279 ByB
Bed & Breakfast in einem italienisch anmutenden Altbau, der von der Besitzerin, einer Fotografin aus New York, geschmackvoll renoviert wurde. Hinterhof zum Mate-Trinken und Ausspannen.
José Giorello 279
Tel. (035 47) 15 45 94 93
www.279altagracia.com *2 Zi.* €

(G 3) El Soberbio
Don Enrique
Exklusive Lodge am Río Paraíso in der Nähe der Wasserfälle „Saltos de Moconá" mitten im Urwald gelegen und nur mit Geländewagen zu erreichen. Komfortable Zimmer und eine Terrasse am Fluss. Die Gastgeber begleiten ihre Gäste auf Fotosafaris und Wanderungen.
Paraje La Bonita
Tel. (011) 47 90 70 96
www.donenriquelodge.com.ar
3 Hütten €€€

(G 2/3) Iguazú
Sheraton Iguazú
Das einzige Hotel Argentiniens mit direktem Blick auf die berühmten Wasserfälle. Man ist morgens vor allen anderen Touristen an den Fällen und hat sie quasi für sich allein. Das Hotel ist von außen unspektakulär, die Zimmer jedoch sind hübsch renoviert. Ein schöner Pool und ein wirklich gutes Spa locken nach den Tagesausflügen. Und: Beim abendlichen Glas Wein hat man das irre Rauschen des Wassers noch immer im Ohr.
Iguazú 3370
Tel. (037 57) 49 18 00
www.starwoodhotels.com
180 Zi. €€€€

(F 3) Ituzaingó
Puerto Valle
Schön am Ufer des Río Paraná gelegen. Ein kleines Hotel, in dem auf jedes Detail geachtet wird. Gourmet-Restaurant, Massagen, Ausritte, Kanu-Fahrten. Zum Haus gehört eine Zucht-Station für Kaimane.
Ruta Nacional Nº 12 Km. 1282
Tel. (037 86) 42 57 00
www.hotelpuertovalle.com
5 Zi. €€€€

(C 5) Mina Clavero
Niña Paula
Estancia auf 1460 Meter Höhe, an einem Fluss gelegen, der die Felsen so weit ausgehöhlt hat, dass sie kleine Pools bilden. Exzellentes Restaurant – ein kleines Paradies.
Camino de las Altas Cumbres
Tel. (035 44) 15 57 27 67
www.estancianiniapaula.com.ar
6 Zi. €

(D 4) Santa Catalina
Posada Camino Real
Schöne Estancia mit historischem Kern, nur über Feldwege zu erreichen. Nette Zimmer, gute Küche, Outdoor-Pool, Ausritte in die Umgebung.
10 km von der Estancia Santa Catalina
Tel. (03 51) 156 13 42 87
www.posadacaminoreal.com.ar
10 Zi. €€

(F 5) Ubajay
La Aurora del Palmar
370 Kilometer nördlich von Buenos Aires liegt ein kleines Naturparadies am Rande eines Palmenwalds. Ausritte, Kanu-Fahrten und Birdwatching werden organisiert. Übernachtet wird in umgebauten Eisenbahnwaggons.
RN 14, km 202
Tel. (034 47) 15 43 16 89
www.auroradelpalmar.com.ar
12 Zi. (mit HP) €€

PATAGONIEN

(A 12) El Calafate
Estancia Cristina
Abgelegenes Landgut in der Nähe des Upsala-Gletschers, gegründet von englischen Einwanderern im Jahr 1914, die dem rauen Klima trotzten. Atemberaubender Blick auf die Gebirgsmassive Norte, Pfifter, Moyano und ihre Gletscher. Anreise mit der Fähre von Punto Bandera, El Calafate.
9 de Julio 69
Tel. (029 02) 491133/034
www.estanciacristina.com
12 Zi. €€€€

Patagonia Park Plaza
Luxuriöses Hotel etwas oberhalb von El Calafate, aber in Laufweite zum Zentrum, mit Pool und gutem Restaurant. Wie bei fast allen Hotels im Ort gilt: Auf den Websites sieht es zwar immer so aus, als hätte man direkten Blick auf den Perito-Moreno-Gletscher. Tatsächlich liegt dieses Naturwunder aber mehr als eine Autostunde entfernt im Nationalpark „Los Glaciares".
Calle 998 Nr. 50
Tel. (029 02) 49 17 77
www.patagoniapark.com
85 Zi. €€€€

(D 9) Península Valdés
Faro Punta Delgada
Seit 1905 weist ein Leuchtturm Schiffen den Weg, er steht mitten auf der Halbinsel Valdés. Früher waren hier ein Kasino und eine Poststelle der argentinischen Marine untergebracht, heute empfängt das komfortable Hotel Punta Delgada seine Gäste.
70 km von Puerto Pirámides
Tel. (029 65) 45 84 44
www.puntadelgada.com
27 Zi. €€€ *Nebensaison*
€€€€ *Hauptsaison*

(A 8) San Martín de los Andes
Río Hermoso
Das Hotel liegt im Nationalpark Lanín, mitten im Wald und am Fluss, den man durch die großen Fenster immer im Blick hat. Das Haus ist liebevoll mit viel Holz gestaltet, das Restaurant bietet sehr gute Küche. Im Río Hermoso werden auch Filme gezeigt. Nach San Martín sind es 25 km.
Ruta 63, Kreuzung Ruta 234
Tel. (029 72) 41 04 85
www.riohermoso.com
7 Zi. €€

(B/C 14) Ushuaia
Finisterris Lodge
Drei luxuriöse Holzhäuschen, weit entfernt vom Lärm der Stadt mit einer einzigartigen Aussicht auf den Beagle-Kanal und Ushuaia. Romantisches Wohnzimmer mit Kamin. Sauna und große Badewanne mit Massagedüsen.
Monte Susana, Ladera Este
Tel. (029 01) 15 6161 25 und 15 61 21 21
www.finisterris.com
3 Häuser für je 2 Gäste
€€€€

Los Acebos
Wenige Kilometer außerhalb von Ushuaia auf dem Anstieg zum Martial-Gletscher gelegen. Hier übernachteten auch die Berliner Philharmoniker bei ihrem Besuch in Ushuaia. Restaurant, Spielzimmer für Kinder.
Luis F. Martial 1911
Tel. der Reservierungszentrale in Buenos Aires: (011) 43 93 06 21
www.losacebos.com.ar
56 Zi. €€

(A 8) Villa la Angostura
La Escondida
Hier fühlt man sich, als gäbe es keine Nachbarn: Alle Zimmer bieten einen schönen Blick auf den See Nahuel Huapi. Beheiztes Schwimmbad im Garten, Finnische Sauna, Gourmet-Restaurant in einem alten Holzhäuschen, in dem früher die einzige Hebamme der Region wohnte.
Bahia Manzano
Tel. (029 44) 47 53 13
www.hosterialaescondida.com.ar
12 Zi. €€€

MERIAN | TIPP

5000 Kilometer staubiges Abenteuer

„Rückgrat Argentiniens“ wird die Ruta 40 genannt: eine grandiose Endlospiste für Marathonfahrer

Die Reiseroute ist so lang wie die Strecke von Lissabon zum Kaspischen Meer und folgt immer derselben Straße, ohne Ampeln, ohne Grenzkontrollen. Und stets kommt man mit derselben Sprache durch. Die **Ruta Nacional 40** ist die berühmteste Straße des Landes, das Rückgrat der Nation. Sie durchzieht Argentinien auf einer Länge von fast 5000 Kilometern, zwischen **La Quiaca** (C1) an der bolivianischen Grenze und **Cabo Vírgenes** (B13) in Patagonien. Wer ihr folgt, fährt durch 14 Nationalparks, elf Provinzen, passiert 13 Skigebiete und überquert 236 Brücken. Die Straße folgt dem Verlauf der Anden, die Argentinien und Chile trennen. Im Süden beginnt sie an der Atlantikküste auf Höhe des Meeresspiegels und überquert einen der höchsten befahrbaren Pässe der Welt, den 4895 Meter hohen **Abra del Acay** (C2).

Mal ist die Ruta 40 geteert, dann wieder sandige Piste oder nur steiniger Feldweg – je nachdem in welcher Provinz man sich gerade befindet. Ihr charakteristischstes Merkmal ist die Einsamkeit: Auf der Ruta 40 erlebt man die grenzenlose, stille Weite des Landes. Oft fährt man stundenlang, ohne auf einen anderen Menschen oder ein anderes Fahrzeug zu treffen. Unterwegs werden Reisende immer wieder nach Sprit gefragt oder gebeten, die Insassen liegengebliebener Wagen mit ins nächste Dorf zu nehmen. Regelmäßig muss man hier auf die Bremse treten, weil Lamas und Gürteltiere die Fahrbahn kreuzen.

Die Nationalstraße 40 wurde im Jahr 1935 abgesteckt, die Kilometer wurden ursprünglich von Mendoza aus gezählt: 1551 nach Norden, 3115 nach Süden. Argentinier selbst empfinden das Befahren dieser endlosen Piste als Quälerei. Doch inzwischen hat die Tourismusbehörde realisiert, dass die Straße Abenteuerurlauber anzieht, und prompt wurden neue Orientierungspunkte definiert. Jetzt liegt der Kilometer Null werbewirksam in Cabo Vírgenes, in der Provinz **Santa Cruz** – im Norden führt die Strecke nicht mehr nur bis **Abra Pampa** in der menschenleeren Puna-Hochwüste, sondern bis La Quiaca an der Grenze zu Bolivien.

Für die Reiseplanung: 40 Tage für die Ruta 40 – so lautet eine Faustregel. Doch die Fahrt ist ein Abenteuer, wer die Strecke genießen will, sollte sich deutlich mehr Zeit nehmen – zumal es viele Attraktionen gibt. Etwa die imposanten Berge im Norden, verwunschene Dörfer, die grünen Berge bei **Tafí del Valle** (C3) oder die **Quilmes-Ruinen** (C3) in der Provinz **Tucumá.** Auch die **Mondlandschaften der Naturparks Ischigualasto und Talampaya** (B4) liegen an der Route, dazu Weinanbaugebiete und natürlich: Patagonien! Wer kein Rallyefahrer ist, sollte großzügig planen: Drei Monate sind für die Strecke durchaus angemessen.

Beste Reisezeit Der Süden und die Mitte des Landes sind am besten zwischen Oktober und März zu durchqueren. Im Norden sind die Monate von April bis September gut geeignet, in den argentinischen Sommermonaten besteht sonst die Gefahr, dass Teile der Strecke durch starke Regenfälle überflutet werden. Auf der Ruta 40 sollte man unbedingt ein Mobiltelefon dabei haben, das Handynetz ist recht gut ausgebaut.
Fahrzeug Der Großteil der Strecke ist mit einem normalen Pkw befahrbar. Es gibt jedoch Abschnitte, an denen man ohne Vierradantrieb keine Chance hat.
Internet Detaillierte Informationen etwa zu Tankstellen und Bankautomaten, aber auch Berichte über den aktuellen Straßenzustand findet man auf Spanisch auf der Webseite **www.rutanacional40.com**
Kartenmaterial „Infobox Ruta Nacional 40“, herausgegeben von den Tourismusbehörden, mit Prospekten der Nationalparks. Oder: „Guía YPF, Ruta 40“ und mit Tipps auf Spanisch auch im Internet: **www.guiaypf.com.ar.** Beide Karten sind in argentinischen Buchhandlungen erhältlich.

Oft ist die Ruta 40 nur ein sandiger Weg fernab der Zivilisation

Orte

Abra Pampa	C 1	Plaza Huincul	B 8
Alta Gracia	C/D 5	Posadas	G 3
Ayacucho	E/F 7	Puente del Inca	B 5
Bahía Bustamente	C 10	Puerto Madryn	C 9
Bajo Caracoles	B 11	Puerto Pirámides	C/D 9
Balcarce	E 7	Purmamarca	C 1
Buenos Aires	E/F 6	Río Gallegos	B 13
Cabo Vírgenes	B 13	Río Grande	C 13/14
Cachi	C 2	Rosario	E 5
Cafayate	C 2	Salta	C 2
		San Antonio de Areco	E 6

INFORMATION

www.argentina-online.de
Privat betriebenes Online-Portal mit Nachrichten, Reisetipps und Informationen über die Kultur Argentiniens.

www.welcomeargentina.com
www.interpatagonia.com
Sehr gute Informationen über das ganze Land (englischsprachig). Zu jeder Region gibt es Restaurant- und Hoteltipps, Adressen von Autovermietern und Tourveranstaltern.

ANREISE

Buchung

Berge, Wasserfälle, Wüsten, Gletscher, Tango – Argentinien hat alles. Das Land ist ein Paradies für Individualtouristen und Städteurlauber. Wer wenig Zeit hat, um das Land zu entdecken, bucht am besten von Deutschland aus eine Rundreise. Etliche Veranstalter haben Argentinien im Programm. Marco Polo zum Beispiel bietet maßgeschneiderte Touren im Leihwagen mit deutschsprachigen Guides und Fahrern an (z. B. 14 Tage per Linienflug, mit Chauffeur und Hotels ab 4 950 €). Information und Buchung unter **www.marco-polo-reisen.com telefonisch unter (089) 50 06 09 63**

Flug

Aerolineas Argentinas fliegt täglich ab London, Madrid, Paris und Rom nach Buenos Aires und von dort zu allen innerargentinischen Zielen. Tickets ab 850 € zzgl. Steuern und Gebühren (ab Madrid). In der Hauptsaison (Dezember und Januar) unbedingt rechtzeitig buchen. Information und Buchung unter **www.aerolineas.com.ar**

Einreise

Touristen aus der Schweiz und den EU-Staaten bekommen bei der Einreise ein Visum für 90 Tage in den Pass gestempelt. Dies kann um weitere 90 Tage verlängert werden. Der Reisepass muss noch mindestens sechs Monate gültig sein. In Argentinien wird man erst mit 21 Jahren volljährig. Wenn Sie also 18, 19 oder 20 Jahre alt sind, sollten Sie sich vorher an ihrem Heimatort eine Bescheinigung über die Volljährigkeit ausstellen lassen.

UNTERWEGS IN ARGENTINIEN

Grundsätzliches

MERIAN hat alle Hinweise, Öffnungszeiten und Preisinformationen so gründlich wie möglich recherchiert und mehrfach überprüft. So gründlich wie möglich bedeutet in einem Land wie Argentinien: Es stimmt wahrscheinlich trotzdem nicht alles. Öffnungszeiten, Preise, Wechselkurse ändern sich von einem Tag auf den anderen, Websites oder Telefonnummern funktionieren wochenlang bestens, dann wieder tagelang nicht.
Wir bitten Sie deshalb um Verständnis, wenn die eine oder andere Information nicht den Tatsachen entspricht, die Sie als Reisender vorzufinden erhofften.

Mit dem Flugzeug

Das beste Streckennetz für Inlandsflüge hat Aerolíneas Argentinas. Wenn Sie mit dieser Fluggesellschaft nach Argentinien fliegen und vor Abflug einen Airpass buchen, gibt es Sonderkonditionen (Preise je nach Buchung und Strecken).

Mit dem Bus

Langstrecke: Allein ein Besuch beim Busbahnhof Retiro in Buenos Aires ist ein Erlebnis. An der Stirnseite des Bahnhofs halten Busse von 120 Unternehmen in 75 Haltebuchten. 25 000 Passagiere starten täglich von hier in alle Landesteile, in den Ferienmonaten sind es 50 000. Die Entfernungen in Argentinien sind groß, aber Busfahren ist die günstigste Art zu reisen. Nach Salta dauert es z. B. ca. 19 Stunden, nach Córdoba sind es zehn. Was für unsere Ohren viel klingt, ist für Argentinier normal – und wenn Sie einen der „Premium" oder „Super-Suite"-Busse buchen, ist die Reise sogar angenehm.
Stadtbusse: In Bussen in Buenos Aires können Sie nur mit Münzen bezahlen, der Fahrer wechselt keine Scheine: einen Peso in den Automaten werfen, Ticket entnehmen.

Mit dem Mietwagen

Argentinien lässt sich wunderbar mit dem Mietwagen entdecken. Am einfachsten ist es, den Wagen schon in Deutschland zu buchen, zum Beispiel bei „Wendy-Pampa-Tours" (www.wendy-pampa-tours.de), Tel. (075 57) 92 93 74.
Erkundigen Sie sich nach dem Zustand der Straßen, für einige Strecken ist Vierradantrieb oder zumindest ein hoher Radstand ratsam. Vorsicht bei Nachtfahrten, es gibt oft Tiere auf der Fahrbahn, auf Autobahnen fehlen manchmal Standstreifen und langsame, alte Autos sind oft ohne Licht unterwegs.

Sicherheit

Im Vergleich zu anderen Ländern in Südamerika ist Argentinien recht sicher. Raubüberfälle sind selten, Entführungen absolut unüblich. Taschendiebstahl gehört aber leider zum Alltag, besonders in Buenos Aires in der Gegend um den Obelisken, in der Calle Florida und an der Plaza Serrano in Palermo. Sehr sinnvoll ist es, Reisedokumente einzuscannen und an die eigene Adresse zu mailen – für den Fall der Fälle. Sollte doch einmal etwas passieren, wenden Sie sich am besten an die englischsprachige **Touristenpolizei in Buenos Aires: Corrientes 436 Tel. (011) 43 46 57 48**

Botschaften und Konsulate

Botschaft der Bundesrepublik Deutschland
Villanueva 1055, Buenos Aires
Tel. (011) 47 78 25 00
www.buenos-aires.diplo.de

Österreichische Botschaft
French 3671, Buenos Aires
Tel. (011) 48 07 91 85
Notfalltelefon im Land: (011) 15 57 50 14 44
www.austria.org.ar

Schweizer Botschaft
Av. Santa Fe 846, 12°
Buenos Aires
Tel. (011) 43 11 64 91
www.eda.admin.ch/buenosaires

Gesundheit

Staatliche Vorschriften gibt es nicht, Impfungen gegen Hepatitis A, Tetanus und Diphterie

ßenmusik im großen Stil: Tangoorchester im Viertel Telmo in Buenos Aires

sind aber empfehlenswert. Denken Sie auch an Mückenschutz (z. B. für Ausflüge ins Tigre-Delta), Sonnenbrille und Sonnencreme (Höhenlagen, Salzseen) und langärmlige Kleidung für die Grenzgebiete zu Paraguay und Brasilien. Dort treten gelegentlich Fälle von Dengue-Fieber auf, gegen das es keine Chemoprophylaxe gibt. Für Reisen in diese Region wird eine Gelbfieber-Impfung empfohlen.

Deutschsprachiger Arzt
Dr. Lothar Fauth
Ciudad de la Paz 1461
Buenos Aires
Tel. (011) 47 84 36 34

Zahnärztin
Dr. Karin Diez
Córdoba 785, 4°
Buenos Aires
Tel. (011) 43 92 64 14

Klima & Reisezeit
Argentinien ist das ganze Jahr über ein gutes Reiseland. Aber, denken Sie daran: Die Jahreszeiten sind auf der Südhalbkugel umgekehrt!
Buenos Aires: Im argentinischen Winter (Juni bis August) kann es in der Hauptstadt empfindlich kalt werden, denn in den meisten Wohnungen gibt es keine Heizung. Im Juli 2007 schneite es sogar – zum ersten Mal seit 89 Jahren. Im Januar und Februar wird es dagegen richtig heiß.
Iguazú: Ganzjährig ein Reiseziel. Es ist immer warm genug!
Nordwesten: Auch die Gegend um Salta und Jujuy ist ganzjährig ein Reiseziel, jedoch kann es in den Sommermonaten zu heftigen Regenfällen kommen, bei denen die Schotterpisten, die zwischen den Dörfern verlaufen, überschwemmt werden, so dass man mit Verzögerungen rechnen muss.
Patagonien: Hochsaison ist im argentinischen Sommer zwischen Oktober und März. Der Perito-Moreno-Gletscher ist ganzjährig zugänglich, für einen Besuch im Juli sollten Sie eine Daunenjacke im Gepäck haben.
Feuerland: Über den Beagle-Kanal segeln Sie am besten zwischen November und März. Von April bis September ist es kalt, die meisten Estancias schließen.
Generell: Stellen Sie sich auf große Temperaturunterschiede zwischen Tag und Nacht ein!

Zeitunterschied
Argentinien liegt vier Stunden hinter der mitteleuropäischen Winterzeit. Da es im Land keine Zeitumstellung gibt, sind es im europäischen Sommer fünf Stunden Zeitunterschied (Bsp.: Um 17 Uhr in Deutschland ist es 12 Uhr in Argentinien).

Telefonieren
Vorwahl für Argentinien: 00 54. Nach Deutschland wählt man 00 49, nach Österreich 00 43, in die Schweiz 00 41.
Vorwahl für Buenos Aires: 011. Europäische Triband-Handys funktionieren, jedoch kommen Textnachrichten oft verspätet oder gar nicht an.
Die günstigste Variante ist ein Prepaid-Chip, den man ins mitgebrachte Handy einlegt. Es gibt außerdem an jeder Ecke Internetcafés und Telefonläden („locutorios"), in denen man günstig telefonieren kann, auch nach Europa.

Zahlungsmittel
Landeswährung ist der argentinische Peso, der mit dem $-Zeichen dargestellt wird. Der Wechselkurs schwankt um 1 € = 4,7 $ Arg (bei Redaktionsschluss). Machen Sie sich auf saftige Bankgebühren gefasst: An den meisten Geldautomaten gibt es Abhebelimits von 300 Pesos pro Transaktion. Zehnmal abheben kostet also zehnmal Gebühr! Münzen sind rar, wundern Sie sich nicht, wenn ein Taxifahrer auf sechs Pesos abrundet, wenn eine Fahrt eigentlich 6,30 Pesos kostet. Auch kann es ein Problem sein, mit 100 Peso-Noten zu bezahlen, weil Wechselgeld knapp und die Angst vor Falschgeld groß ist. Tipp: Geben Sie beim Abheben am Automat lieber 290 statt 300 Pesos ein, dann haben Sie zumindest ein paar kleine Scheine. Alle besseren Hotels und Restaurants akzeptieren Kreditkarten, doch zur Sicherheit sollten Sie fragen, bevor Sie einen Service in Anspruch nehmen.

Trinkgeld
In Restaurants ist eine *propina* von zehn Prozent üblich, Sie lassen das Geld nach dem Bezahlen auf dem Tisch liegen. Kofferträger, Liftboys, Türsteher oder Parkwächter freuen sich über ein oder zwei Pesos – und wenn es mehr ist, beschweren sie sich sicher auch nicht. Rechnen Sie jedoch nicht mit deutschen Maßstäben: 100 Pesos sind in Argentinien nicht einfach umgerechnet rund 20 Euro sondern wesentlich mehr wert. Zur Orientierung: Das Einstiegsgehalt einer Grundschullehrerin etwa liegt bei knapp 1300 Pesos.

FESTE & FEIERTAGE

Januar/Februar an Samstagen Karnevalsumzüge in Gualeguaychú
März Weinernte in Mendoza
Ende März Unabhängiges Filmfest Bafici in Buenos Aires
24. März Gedenktag des Militärputsches 1976. Jedes Jahr Großdemonstrationen auf der Plaza de Mayo in Buenos Aires.
2. April Gedenken an die Gefallen und die Veteranen des Krieges um die Malwineninseln im Jahr 1982
April/Mai Internationale Buchmesse in Buenos Aires
25. Mai Nationalfeiertag der Mairevolution 1810 (Sturz des spanischen Vizekönigs)
9. Juli Unabhängigkeitstag
August Mundial de Tango, Tango-WM in Buenos Aires
10. November Día de la tradición in San Antonio de Areco, die größten Gauchofeiern des Landes mit Reitervorführungen, Volkstänzen und Führungen
im November Internationales Filmfest Mar del Plata

Zahlen und Fakten

Name República Argentina
Fläche und Lage Argentinien ist mit 2,78 Mio. km² das zweitgrößte Land Südamerikas, das achtgrößte weltweit: An der breitesten Stelle misst das Land 2 100 km, an der längsten 3700 km. Im Norden grenzt Argentinien an Brasilien, Paraguay und Bolivien, im Westen an Chile und im Osten an Uruguay.
Einwohner Etwa 38,9 Mio. Einwohner, vorwiegend italienischer und spanischer Abstammung, nur zwei Prozent stammen von den Ureinwohnern ab. Etwa 27 % leben unterhalb der Armutsgrenze. Mindestens 12 000 Österreicher, 15 000 Schweizer und 45 000 Deutsche leben in Argentinien.
Religion Argentinien ist stark katholisch geprägt: 90 % der Einwohner sind Katholiken, 2 % Protestanten, 1 % Juden und 6 % gehören anderen Glaubensrichtungen oder keiner Kirche an.
Bevölkerungsdichte 9,36 Einwohner pro km²
Hauptstadt Buenos Aires ist mit 2,9 Mio. Einwohnern kleiner als Berlin, doch der Speckgürtel schließt direkt an. Die Metropolregion hat mehr als 12 Millionen Einwohner. Die nächstgrößten Städte: Córdoba (1,3 Mio.) und Rosario (908 000).
Höchster Berg: Aconcagua in Mendoza, 6 959 m
Längster Fluss: Salado del Norte, 2000 km
Küste: 15 960 Küstenkilometer
Wirtschaft: Das Bruttoinlandsprodukt liegt bei etwa 290 US$ pro Kopf. Die argentinische Wirtschaft wuchs 2007 um 8,7 % und erzielte damit die höchste Wachstumsrate Lateinamerikas. Vom berühmtesten Exportgut Rindfleisch wurden 2007 nur noch 0,54 Mio. t. exportiert, Deutschland war mit 23% der wichtigste Abnehmer.

MERIAN-Straßenkarte
ARGENTINIEN
BOLIVIEN
CHILE
PARAGUAY
BRASILIEN
URUGUAY
Pazifischer Ozean
Jujuy
Salta
Formosa
Chaco
Catamarca
Tucumán
Santiago del Estero
La Rioja
San Juan
Corrientes
Misiones
Santa Fe
Entre Rios
Córdoba
San Luis
ASUNCIÓN
Antofagasta
Calama
San Salvador de Jujuy
Salta
San Miguel de Tucumán
Santiago del Estero
San Fernando d. Valle Catamarca
La Rioja
San Juan
Mendoza
Córdoba
Santa Fe
Paraná
Resistencia
Corrientes
Posadas
Formosa
Foz do Iguaçu
Cataratas de Iguazú
Coquimbo
La Serena
Copiapó
Paysandú
Salto
Concordia

Unesco-Welterbe

MERIAN | RÜCKBLICK

Die Lichtgestalt

Mit ihrem sozialen und politischen Engagement stieg Evita Perón zur argentinischen Heldin auf

Die ungekrönte Königin wurde nur 33 Jahre alt. Am 26. Juli 1952 starb **María Eva Duarte de Perón** an Gebärmutterhalskrebs. Und wurde unsterblich. Noch heute pilgern die Argentinier zum Friedhof von Recoleta, schweigen, legen Blumen an ihrem Grab nieder. Vor ihnen ruht ein Mythos. Die schillerndste Figur, die das Land je hervorgebracht hat. Sie kam als uneheliches Kind einer Köchin zu Welt. Mit 15 wurde Eva als „Mädchen vom Land" ausgelacht, als sie nach Buenos Aires kam. Dann begann ihr beinahe unfassbarer Aufstieg. Die hübsche junge Frau wurde **Fotomodell, Radiomoderatorin und später Schauspielerin**. Doch sie interessierte sich stets noch für etwas anderes: für die korrupten Zustände im Land. Für die Politik. „Bis zu meinem elften Lebensjahr", sagte sie einmal, „gab es für mich Arme, so wie es Gras, und Reiche, so wie es Bäume gibt. Aber dann hörte ich einen Arbeiter sagen, es gäbe deshalb so viele Arme, weil die Reichen zu reich seien." Mit diesem Satz formulierte sie ihr Ziel: ein entproletarisiertes Argentinien. Ein Land für Menschen, die in Würde arbeiten und leben können.

Auf einer Wohltätigkeitsveranstaltung traf sie einen der Redner, den 50-jährigen **Oberst Juan Perón**. Noch im selben Jahr heirateten sie. Die junge Frau Perón unterstützte ihren Mann 1947 beim Wahlkampf, und als dieser schließlich Präsident wurde, begann eine beispiellose politische Allianz. Auch wenn sie offiziell nie ein Amt bekleidete: Die *primera dama*, die neue First Lady Argentiniens, sollte mehr bewegen als die meisten anderen Politiker zusammen. Sie hielt Ansprachen, forcierte die Rechte der Frauen, gründete eine Stiftung zur Hilfe der Armen, traf die großen Staatsoberhäupter Europas und wurde neben ihrem Mann die Leitfigur der *descamisados*, der „Hemdlosen". 1949 war sie die einflussreichste Person Argentiniens. Das Gesicht des Peronismus – jenes dritten Wegs zwischen Kapitalismus und Kommunismus, wie seine Unterstützer diese Politik nennen.

Spätestens mit dem Tod wurde Evita Perón zur Kultfigur. Mehr als 50 Bücher über sie sind erschienen, ihr Leben wurde in einem Musical verewigt, von Hollywood mit der **Popsängerin Madonna** verfilmt. Die Staatsbank brachte 1997 mehrere Millionen Ein-Peso-Münzen in Umlauf – mit dem Konterfei des Mädchens vom Land, das für viele zur Lichtgestalt Argentiniens wurde.

GESCHICHTSDATEN

ca. 30 000 v. Chr. Über die Beringstraße kommen die ersten Siedler auf den amerikanischen Kontinent.

ca. 10 000 v. Chr. Das Gebiet des heutigen Argentinien wird erstmals besiedelt.

1536 Pedro de Mendoza gründet Santa María de los Buenos Ayres, nach kurzer Zeit gibt er den Standort wieder auf.

1580 Juan de Garay gründet Buenos Aires zum zweiten Mal.

25. Mai 1810 Buenos Aires erklärt seine Unabhängigkeit von Spanien.

9. Juli 1816 Unabhängigkeitserklärung der Vereinten Provinzen des Río de la Plata in Tucumán.

ab 1819 Blutige Konflikte zwischen den beiden politischen Strömungen der Föderalisten und Unitarier.

1. Mai 1853 Erste argentinische Verfassung.

1862 Buenos Aires wird Hauptstadt der Republik.

1869-1895 Wirtschaftswachstum und Einwanderung. Buenos Aires wächst von 90 000 auf 670 000 Einwohner.

ab 1900 Goldene Zeiten für Argentinien, aber wachsende soziale Unruhen aufgrund der ungleichen Landverteilung.

1946-1952 Präsident General Juan Domingo Perón führt bezahlten Urlaub und Rentenansprüche für Arbeiter ein.

1952 Eva („Evita") Perón, Präsidentengattion und Idol der Armen, stirbt an Krebs.

1955 Militärputsch. Perón geht ins Exil. Politische Instabilität.

1973 Peron, ins Land zurückgerufen, wird erneut Präsident.

1974 Tod Peróns, seine Frau Isabel wird Präsidentin.

1976-1983 Militärdiktatur. 30 000 Menschen werden ermordet.

1978 Argentinien gewinnt die Fußball-WM im eigenen Land. In einigen Folterzentren hören die Häftlinge den WM-Jubel.

1982 Argentinien erhebt Anspruch auf die Großbritannien unterstehenden Falkland-Inseln (Islas Malvinas) und besetzt sie militärisch. Der Falklandkrieg, den die Briten gewinnen, fordert fast 900 Menschenleben.

1983-1989 Rückkehr zur Demokratie, Raúl Alfonsín ist Präsident.

1986 Argentinien wird erneut Fußballweltmeister.

1989-1999 Unter Präsident Carlos Menem wird der Kurs des Peso im Verhältnis 1:1 an den US-Dollar gekoppelt. Kurzfristige Boomphase.

1999 Präsident Fernando de la Rúa: Ende des Booms, Zugriff auf Bankkonten wird limitiert.

Dezember 2001 Massenproteste. Fünf Präsidenten innerhalb von zwei Wochen.

2002 Abwertung des Peso.

2003 Wirtschaftliche Erholung unter Präsident Néstor Kirchner. Die Straffreiheit für Diktaturverbrecher wird abgeschafft.

2007 Cristina Fernández de Kirchner gewinnt im ersten Wahlgang und wird Präsidentin.

1950: Präsident Juan Domingo Perón mit „primera dama" Evita

Patagonien und Feuerland Ralf Gantzhorn, Bergverlag Rother, 224 Seiten, 49,90 € Traumhafte Bilder und Kartenmaterial für Trekkingtouren

REISEFÜHRER

Argentinien Handbuch für individuelles Entdecken. Jürgen Vogt, Reise Know-How, 624 S., 23,50 € Gute Tipps, nicht nur für Rucksacktouristen.

Argentinien, Patagonien: Monte Fitz Roy

Sylvia Seligmann, Conrad Stein Verlag, 187 S., 12,90 € Trekkingführer mit vielen Tipps und Touren.

Wallpaper City Guide Buenos Aires Emma Moore, Phaidon, 103 S., 8,95 € Gut, übersichtlich und modern aufgemacht.

Trekking-Guide Argentinien Die schönsten Andentouren zwischen Feuerland und der Puna de Atacama, Andreas Hohl, Tyrolia, 323 S., 27,90 € Mit guten und hilfreichen Wanderkarten, die in Argentinien sonst selten zu bekommen sind.

Tango tanzen in Buenos Aires Praxis-Handbuch, Maike Christen, Reise KnowHow, 160 S., 8,90 € Gute Einsteiger-Lektüre.

BILDBÄNDE

Living in Argentina, Ricardo Labougle, Taschen, 200 S., 19,99 € Argentinisches Ambiente in Bildern – Stadtwohnungen, Polofarmen, Estancias.

Mit dem Tango im Herzen Bettina Hüllen, Nicolai'sche Verlagsbuchhandlung, 167 S., 24,90 € Einblicke in die Tango-Szene, teils ein wenig kitschig.

Patagonien – Die Welt der Gauchos Philippe Bourseiller, Jean-Francois Chaix (Text). Delius Klasing Verlag, 132 S., 29,90 € Hommage an die Weite des argentinischen Südens.

SACHBÜCHER

Kulturschock Argentinien Carl Goerdeler, Reise KnowHow, 216 S., 14,90 € Mit einem Augenzwinkern beschreibt der Autor die argentinische Volksseele.

Tango Argentino – Porträt eines Landes Ingo Malcher, Beck, 206 S., 12,95 €. Geschichte, Kultur und Politik unterhaltsam und kompetent dargestellt. Um Tango geht es dabei nur am Rande!

Tango: Geschichte und Geschichten Arne Birkenstock und Helena Rüegg, dtv, 332 S., 14,50 € Hintergrundwissen, Anekdoten, Tangotexte.

Wo der Süden im Norden ist

Christoph Kuhn, Rotpunkt Verlag, 273 S., 24 € Interessante Einblicke ins moderne Argentinien.

In Patagonien: Reise in ein fernes Land Bruce Chatwin, Rowohlt, 272 S., 8,95 € Längst ein Klassiker: die Reiseerzählungen des Briten.

BELLETRISTIK

Das Aleph Jorge Luis Borges, Fischer, 167 S., 8,95 € Erzählungen des bekanntesten argentinischen Schriftstellers aus den Jahren 1944-1952.

Die Erzählungen 2. Südliche Autobahn Julio Cortâzar, Suhrkamp, 266 S., 11 € Octavio Paz sagte über Cortâzar, dessen Prosa lasse „die Sprache hüpfen, tanzen und fliegen". Erzählungen mit Hang zum Surrealen.

Der Tangosänger Tomás Eloy Martínez, Suhrkamp, 236 S., 8,50 € Ein junger Amerikaner verliert sich auf der Suche nach einem Sänger in der Tango-Welt von Buenos Aires.

Brennender Zaster Ricardo Piglia. Wagenbach, 189 S., 17,50 € Die wahre Story einer Verbrecherbande vom Río de la Plata, wie ein Krimi erzählt.

Auf Che Guevaras Spuren Karin Ceballos-Betancourt, Picus Verlag, 191 S., 14,90 € Die Autorin folgt der Reiseroute des legendären Revolutionärs und kontrastiert seine Notizen mit ihren Eindrücken.

Che Héctor Oesterheld, Zeichnungen von Enrique und Alberto Breccia, Carlsen Verlag, 95 S., 16,90 € Comic-Chronik über das Leben Che Guevaras. Autor Oesterheld wurde zur Diktaturzeit verschleppt und ermordet.

Ganz die Deine Claudia Piñeiro, Unionsverlag, 190 S., 14,90 € Beziehungskrimi über den Rachefeldzug einer betrogenen Ehefrau.

Die Verbrechen des van Gogh José Pablo Feinmann, Antje Kunstmann Verlag, 293 S., 21,88 € Ein Drehbuchautor und Filmfreak erprobt in Buenos Aires die Idee für seinen nächsten Thriller.

Tango, der dein Herz verbrennt Horacio Vázquez-Rial, Piper Verlag, 636 S., 24,90 € Roman über das Schicksal spanischer Einwanderer Ende des 19. Jahrhunderts.

MUSIK

Café de los maestros (Doppel-CD), Megaphon, 61,99 € Oscar-Preisträger Gustavo Santaolalla hat für dieses einzigartige Projekt die großen Meister des Tango im Studio versammelt.

Son Juana Molina, Domino, 13,99 € Das vierte Album der argentinischen Musikerin. Ihre vorige CD schaffte es vor ein paar Jahren in die Top Ten-Auswahl der New York Times.

Alle Bücher können Sie bestellen unter www.merianshop.de

Freuen Sie sich auf das nächste Heft | Im Handel ab 29. Januar 2009

Neue Welt: das Linzer Kunstmuseum Lentos

Zwischen Heimat und Ferne: Alpenrocker von Goisern

Salzkammergut: Vorderer Gosausee, Hallstätter Gletscher und Dachsteingebirge

Zuletzt erschienen:

Dezember 2008

November 2008

Oktober 2008

September 2008

August 2008

Juli 2008

Linz und Oberösterreich

Mit viel Phantasie und Engagement hat Österreichs Industriemetropole es zur Kulturhauptstadt Europas gebracht. 2009 feiert Linz ein zwölfmonatiges Festival, nach dem man die Stadt nicht wiedererkennen wird. Und das alles in einem Bundesland, das von den großen Touristenströmen noch kaum berührt ist

> Kulturhauptstadt Linz: wie man aus einer grauen Maus eine Diva macht
> Landschaftsoper im Mühlviertel: wo jeder Baum seinen eigenen Ton hat
> Goisern: ein überaus musikalisches Städchen und sein kosmopolitischer Sohn
> Radwandern an der Donau: auf den Spuren Kriemhilds und Barbarossas